Salz der Erde
Forum Pastoral 1

Franz Annen (Hrsg.)

Salz der Erde

Die Kraft des Evangeliums in unserer Zeit

NZN Buchverlag

Forum Pastoral 1

Bibliografische Information Der Deutschen Bibliothek
Die Deutsche Bibliothek verzeichnet diese Publikation in der Deutschen Nationalbibliografie; detaillierte bibliografische Daten sind im Internet über http://dnb.ddb.de abrufbar.

© 2003 by NZN Buchverlag AG, Zürich
Gestaltung: Sämi Jordi, Luzern
Satz: Claudia Wild, Konstanz
Druck: Niedermann Druck AG, St. Gallen
ISBN 3-85827-144-6

Vorwort

Am Mittenberg, im Wald über dem Churer Priesterseminar, steht in romantischer Umgebung vor einem grossen Felsentrichter die kleine St.-Luzi-Kapelle. Bis vor einigen Jahren, als die Bäume rundherum noch nicht so hoch standen, genoss man vor der Kapelle eine herrliche Aussicht in Richtung Domat/Ems und in die Berge des Bündner Oberlandes. Einer Legende zufolge soll der heilige Luzius, der Patron des Bistums Chur und des Priesterseminars St. Luzi, dort gepredigt haben, und zwar mit so mächtiger Stimme, dass man ihn nicht nur bis in das etwa fünf Kilometer entfernte Domat/Ems hörte, sondern dort auch verstand.

Das Evangelium so verkünden, dass die Menschen es verstehen: Das ist die Aufgabe der Seelsorgerinnen und Seelsorger. Und es ist die Aufgabe der Seelsorgeausbildung, die künftigen Priester, Pastoralassistentinnen und Pastoralassistenten auf diese Aufgabe möglichst gut vorzubereiten. Der Neuaufbau der Theologischen Hochschule Chur (THC), der nach eingehenden Beratungen im Priesterrat des Bistums Chur am 29. Juni 2000 vom Bischofsrat beschlossen wurde und seither Schritt für Schritt realisiert wird, dient dem Ziel, Lehre und Forschung an der THC konsequenter darauf auszurichten. So will es das dem Neuaufbau vorgegebene Leitbild, das eine pastorale Ausrichtung des Ausbildungskonzepts betont, aber gleichzeitig auch die wissenschaftliche Qualität des Studiums wahren und optimieren will. *Das Evangelium so verkünden, dass die Menschen es verstehen:* Dem dient insbesondere auch das *Pastoralinstitut,* das am 27./28. Januar 2003 mit einem Symposion, dessen Vorträge in diesem Band veröffentlicht werden, seine Arbeit aufnahm. Es ist eine Einrichtung der THC und steht somit unter der Verantwortung der Hochschulleitung wie auch des ganzen Lehrkörpers. Es soll die vorhandenen Kräfte bündeln, um einerseits der pastoralen Ausbildung an der THC selbst zu dienen, andererseits aber auch den in der Seelsorge Tätigen zur Verfügung zu stehen. Das Statut des Instituts, das am 11. Juli 2002 vom Grosskanzler der THC, Bischof Amédée Grab, unterschrieben wurde, formuliert im Einzelnen die folgenden Aufgaben:

1. Das Pastoralinstitut ist in Forschung, Lehre und Weiterbildung im pastoraltheologischen, pastoralen, homiletischen und religionspädagogischen Bereich tätig.

2. Es hat Fragen und Entwicklungen der Kirche und der Pfarreien in der Diözese Chur und der Deutschschweiz insgesamt konstruktiv-kritisch aufzugreifen, sie wissenschaftlich zu reflektieren und praktisch-theologische wie spirituelle Impulse für die pastorale Praxis zu vermitteln. Dabei ist das Verhältnis von Glaubenslehre und Lebenspraxis in ihrem Aufeinanderbezogensein besonders aufmerksam zu beachten.

3. Es bietet ein Nachdiplomstudium in Pastoraltheologie, Homiletik und Religionspädagogik an, das mit einem pastoraltheologischen Abschlusszeugnis oder einem spezialisierten Lizentiat in Theologie abgeschlossen werden kann.

4. Es kann weitere Ausbildungsgänge und Ausbildungsmodule im Nachdiplombereich anbieten.

5. Es ist Ansprechpartner für pastorale Dienstleistungen im Bistum Chur und in der Deutschschweiz. In Zusammenarbeit mit den diözesanen Instanzen bietet es Aus-, Fort- und Weiterbildungsveranstaltungen für Seelsorger und Seelsorgerinnen sowie für in der Kirche haupt-, neben- und ehrenamtlich mitarbeitende Laien an.

6. Es steht im Bistum Chur und darüber hinaus als beratende Institution zur Verfügung.

7. Es hat die Aufgabe, die pastorale Ausrichtung der Ausbildung an der THC im Auge zu behalten, zu beraten, zu begleiten und zu diesem Ziel in Zusammenarbeit der theologischen Fächer Projekte zu lancieren.

8. Es organisiert Symposien und Tagungen zu pastoraltheologischen, pastoralpraktischen, homiletischen und religionspädagogischen Fragen.

9. Es gibt Publikationen heraus.

10. Es führt eine Fachbibliothek für Pastoraltheologie, pastorale Praxis, Homiletik und Religionspädagogik. Diese steht nicht nur den Lehrenden und Studierenden der THC, sondern auch weiteren Interessierten zur Verfügung.

11. Es sucht nach Möglichkeit die Zusammenarbeit mit anderen Institutionen, die in der Deutschschweiz im Dienste der pastoralen Aus-, Fort- und Weiterbildung tätig sind.

12. Nach Möglichkeit strebt es die ökumenische Zusammenarbeit an, besonders mit der evangelisch-reformierten Landeskirche Graubünden.

Das Pastoralinstitut der THC soll also ein eigentliches pastorales Kompetenzzentrum für das Bistum Chur und darüber hinaus für die deutschsprachige Schweiz werden. Der Aufbau wird viel Zeit brau-

chen und schrittweise vor sich gehen. Die offizielle Eröffnung am
27. Januar 2003 war also nicht der Abschluss des Neubaus, sondern
eher der Baubeginn, die Grundsteinlegung.

Als Rahmen für diese Grundsteinlegung organisierte die THC das Symposion mit dem Thema: «*Salz der Erde. Die Kraft des Evangeliums in
unserer Zeit.*» Dieses Thema ist als Programm für den Aufbau und für
die ganze Arbeit des Churer Pastoralinstituts gedacht. Es wird heute
über die Situation des Glaubens und der Kirche in unserer Gesellschaft
viel gejammert, in mancher Hinsicht nicht ohne Grund. An allen Ecken
und Enden wird an Notlösungen gearbeitet. Und viele stellen sich die
bange Frage: Hat das Evangelium in unserer Zeit seine Kraft verloren?
Überlebt der christliche Glaube in der Schweiz, in Europa den Übergang zur nächsten Generation überhaupt? Da und dort macht sich geradezu Weltuntergangsstimmung breit.

«Ihr seid das Salz der Erde», sagt Jesus in der Bergpredigt (Mt 5,13).
Das ist nicht nur ein Auftrag; es ist eine Verheissung. So wollte das
Symposion Mut machen und den Blick dafür schärfen, dass die Kraft
des Evangeliums auch in unserer Zeit wirksam ist. Aus dieser Überzeugung heraus wird sich das neu gegründete Churer Pastoralinstitut
für die Seelsorge der Gegenwart und der Zukunft einsetzen. Es möchte
sich nicht damit begnügen, in Schadensbegrenzung zu machen, um
noch zu retten, was zu retten ist. Aus dem Glauben an die Kraft des
Evangeliums möchte es vielmehr zuversichtlich und zukunftsgerichtet
arbeiten. *Dass das Evangelium in unserer Zeit eine Chance hat,* dafür
wird letztlich Gott selbst sorgen. Im Vertrauen auf ihn möchte das Pastoralinstitut der THC den Seelsorgern und Seelsorgerinnen dabei helfen, *das Evangelium als Chance für unsere Zeit* neu zu entdecken und
zu verkünden.

Mit der vorliegenden Publikation der Vorträge des Symposions «Salz
der Erde. Die Kraft des Evangeliums in unserer Zeit» eröffnet das Pas-

toralinstitut seine *Schriftenreihe «Forum Pastoral»*. Diese soll in lockerer Folge Veröffentlichungen zu pastoraltheologischen und pastoralpraktischen, homiletischen und religionspädagogischen Themen
herausgeben. In Übereinstimmung mit der Zielsetzung des Pastoralinstituts wird diese Reihe bestrebt sein, auf die Bedürfnisse und Anliegen der Seelsorge heute einzugehen und Hilfen für jene zur Verfügung
zu stellen, die im Dienste der Verkündigung stehen.
Den Kern des vorliegenden ersten Bandes der Reihe «Forum Pastoral»
bilden die drei Hauptvorträge des Symposions. Der Beitrag von *Bischof Dr. Gebhard Fürst* von Rottenburg-Stuttgart *«Was ihr sucht,
ohne es zu erkennen, das verkünde ich euch» (Apg 17,23)* zeigt die
Rahmenbedingungen und den Beitrag der Kirche für den Dialog mit
der gegenwärtigen säkularen Gesellschaft auf. *Nationalrätin Rosmarie Zapfl-Helbling* formuliert Anliegen an die Kirche aus der Sicht einer Politikerin und engagierten Katholikin: *«Was erwarten Politik und
Gesellschaft von der Kirche?»* Schliesslich entwirft *der Pastoraltheo-
loge Prof. DDr. Dieter Emeis* eine theologische Sicht der Gemeinde, die
Mut machen kann, weil sie die Realitäten ernst nimmt: *«Ermutigung
durch realistische Visionen. Eine Fortschreibung der Praktischen
Theologie der Gemeinde»*.
Der Band wird angereichert durch weitere Beiträge, die das am Symposion Präsentierte thematisch abrunden. Es handelt sich zum einen
um den Festvortrag von *Prof. Dr. Eva-Maria Faber* zum Jubiläum des
Bistums Chur am 1.Dezember 2001 (1550 Jahre nach der erstmaligen
schriftlichen Erwähnung eines Bischofs von Chur im Jahre 451). Seine
Thematik *«Von der Chance des Evangeliums in unserer Zeit»* liegt
ganz auf der Linie des Symposions. Dasselbe gilt von der Verlaut-
barung der *deutschen Bischöfe: «Zeit zur Aussaat. Missionarisch Kirche sein»*. Der Beitrag des verstorbenen Churer *Pastoraltheologen
Prof. Dr. Hermann Kochanek* kommentiert dieses wichtige Dokument.

Den Rahmen des Bandes bilden das Grusswort des Churer *Bischofs Amédée Grab,* des Grosskanzlers der THC, und die Predigt von *Weihbischof Prof. Dr. Peter Henrici* anlässlich des Gottesdienstes zur Eröffnung des Pastoralinstituts.

Insgesamt ist diese erste Veröffentlichung der Schriftenreihe des Churer Pastoralinstituts das Produkt einer engen Zusammenarbeit und gemeinsamen Reflexion von Vertretern der Kirchenleitung, der Theologie und – was nicht so häufig geschieht – auch einer Vertreterin der Politik. Nur wenn und insofern die Zusammenarbeit all dieser Instanzen gelingt, wird das Evangelium in unserer Welt und Gesellschaft zum Salz, zu einer Kraft der Veränderung. Und nur dann kann die Kirche ihren Dienst in und an der Welt von heute tun, wie sie es sich im Zweiten Vatikanischen Konzil mit der «Pastoralen Konstitution über die Kirche in der Welt von heute» (Gaudium et spes) vorgenommen hat. Darum möchte das Churer Pastoralinstitut auch weiterhin ein Gesprächsforum zwischen Theologie und Seelsorge sein, in dem die Verantwortlichen der Kirchenleitung wie die gesellschaftlichen Kräfte zu Wort kommen und ernst genommen werden.

Im Zusammenhang mit der Eröffnung des Pastoralinstituts der Theologischen Hochschule Chur wie seiner Schriftenreihe soll eines Menschen gedacht werden, der entscheidend mitverantwortlich war, für beides die Weichen zu stellen: des am Heiligen Abend 2002 verstorbenen *Prof. Dr. Hermann Kochanek.* Seit seiner Berufung zum Professor für Pastoraltheologie und Homiletik an der THC im Sommer 2001 ging er in sehr umsichtiger und kompetenter Weise an die Planung des Pastoralinstituts. Zusammen mit einer Arbeitsgruppe erarbeitete er die Studienordnung und das Statut und begann mit der Planung des Nachdiplomstudiums. Er führte viele Gespräche, um das entstehende Institut mit anderen Institutionen, die in der Deutschschweiz auf pastoralem Gebiet tätig sind, gut zu vernetzen. Auch das Eröffnungs-

Symposion leitete er noch in die Wege. Mitten in dieser Aufbauarbeit stoppte ihn die Krankheit, die nach Monaten schweren Leidens zu seinem Tode führte. Die THC ist dem Verstorbenen für seine engagierte und gute Arbeit dankbar. Sie wird ihm ihren Dank vor allem damit entrichten, dass sie das Werk, in das er so viel Energie hineingegeben hat, mit aller Kraft und nach bestem Können weiterführt.

An dieser Stelle ist aber auch jenen zu danken, die es mit ihrem grossen Einsatz ermöglicht haben, dass die Eröffnung des Pastoralinstituts und das Symposion trotzdem zum geplanten Termin stattfinden konnten: dem Religionspädagogen Prof. Dr. Alfred Höfler, der Dogmatikerin Prof. Dr. Eva-Maria Faber, dem Dozenten für Liturgik und Kirchenmusik Dr. Walter Wiesli und Regens Dr. Josef Annen sowie Frau Margrit Cantieni Casutt, der Sekretärin des Instituts. Sie alle haben sich für das Pastoralinstitut sehr eingesetzt und nach der Erkrankung von Prof. Kochanek noch zusätzliche Arbeit auf sich genommen.

Ihnen, den Verfasserinnen und Verfassern der Beiträge und dem NZN Buchverlag dankt der Herausgeber, dass sie die Publikation dieses Bandes ermöglicht haben.

Chur, im Februar 2003

Prof. Dr. Franz Annen, Rektor

Bischof Amédée Grab
Im Dienst der Evangelisierung

Grusswort zur Eröffnung des Pastoralinstituts
der Theologischen Hochschule Chur

Pastoraltheologie gehört unbedingt zur theologischen Ausbildung all jener, die sich auf einen Dienst in der Kirche vorbereiten. Am Ende seines Dekretes «Optatam totius» (OT) über die Ausbildung der Priester regt das Zweite Vatikanische Konzil die Schaffung von Pastoralinstituten zur Weiterbildung der jungen Priester an mit den Worten: «Die priesterliche Bildung muss gerade wegen der Bedürfnisse der heutigen Gesellschaft auch nach abgeschlossenem Seminarstudium noch fortgesetzt und ver vollständigt werden. Die Bischofskonferenzen müssen darum in den einzelnen Ländern geeignete Wege finden, wie zum Beispiel Pastoralinstitute ...» (OT 22).

Bei der Neueröffnung des Pastoralinstituts der Theologischen Hochschule Chur (THC) ist nicht die Schweizer Bischofskonferenz am Werk, obwohl sie über die Neuprofilierung der THC orientiert ist und sie begrüsst und unterstützt. Hier setzt das Bistum ein klares Zeichen im Rahmen der Überlegungen über die Zukunft der theologischen Ausbildungsstätten in unserem Land. In Anbetracht der rückläufigen Studierendenzahlen wird seit einigen Jahren die Frage erörtert, ob sich unser Land vier Fakultäten weiterhin leisten kann. Zu bedenken ist die Mehrsprachigkeit und kulturelle Vielfalt unseres Landes, aber auch die Tatsache der verschiedenartigen Trägerschaften der theologischen Fakul-

15

täten. Darüber hinaus hat das deutliche Ergebnis zweier Abstimmungen im Priesterrat die Bistumsleitung in ihrer Überzeugung gestärkt, dass die THC für unsere Diözese ein eminent wichtiges Identität stiftendes Element ist. Und gerade die Tatsache, dass unser Seelsorgepersonal von der Herkunft her immer differenzierter zusammengesetzt ist, spricht dafür, dass die bald zweihundertjährige segensreiche Tätigkeit unseres Seminars keinen Unterbruch erleiden darf. Die daraus entstandene, vom Heiligen Stuhl und vom Kanton Graubünden anerkannte bald vierzigjährige Theologische Hochschule hat über die Ausbildung der in der Seelsorge Tätigen hinaus eine ganz wichtige Funktion in der Mitgestaltung der Dekanatsweiterbildungskurse und soll auch, gerade wegen der pastoraltheologischen Ausrichtung, zur individuellen Weiterbildung der in der Seelsorge Engagierten Wichtiges beitragen: einen Ort des Austauschs, der wissenschaftlich zuverlässigen und auf den neuesten Stand der Forschung eingestellten Information, einen Ort der spirituellen Erneuerung, einen Ort, der anregt, neue Impulse vermittelt und dies im Dienst der persönlichen Entfaltung und der seelsorglichen Kompetenz. Die Theologische Hochschule Chur will sich bewusst in den Dienst der Evangelisierung stellen, die Papst Johannes Paul II. seit zwanzig Jahren zum Hauptinhalt seines eigenen Wirkens gemacht hat. Das Thema des Symposiums zur Eröffnung des Pastoralinstituts der Theologischen Hochschule Chur ist ein Bekenntnis: «Salz der Erde. Die Kraft des Evangeliums in unserer Zeit».

Das schon erwähnte Konzilsdekret umschreibt das Ziel der Ausbildung an Priesterseminaren: «In ihnen muss die gesamte Ausbildung der Alumnen dahin zielen, dass sie nach dem Vorbild unseres Herrn Jesus Christus, des Lehrers, Priesters und Hirten, zu wahren Seelenhirten geformt werden; sie müssen also zum Dienst am Wort vorbereitet werden, dass sie das geoffenbarte Gotteswort immer besser verstehen, durch Meditation mit ihm vertraut werden und es in Wort und Leben darstellen; zum Dienst des Kultes und der Heiligung, dass sie in Gebet und im Vollzug der heiligen Liturgie das Heilswerk durch das eucharistische Opfer und die Sakramente vollziehen; zum Dienst des Hirten, dass sie den Menschen Christus darstellen können, der ‹nicht kam, um sich bedienen zu lassen, sondern um zu dienen und sein Leben als Lösegeld für viele hinzugeben› (Mk 10,45; vgl. Joh 13,12–17), und dass sie Diener aller werden und so viele gewinnen (vgl. 1 Kor 9,19). Daher müssen alle Bereiche der Ausbildung, der geistliche, intellektuelle und disziplinäre, harmonisch auf dieses pastorale Ziel hingeordnet werden» (OT 4). Das gilt mutatis mutandis für alle Frauen und Männer, die in der Absicht Theologie studieren, in der Seelsorge mitzuarbeiten. In den letzten Wochen war wieder der diesjährige Pastoralkurs hier im Seminar. Dass der Kurs hier stattfindet, wissenschaftliche Weiterbildung mit der Teilnahme an der Liturgie des Seminars verbindet, hat Identität schaffenden und integrierenden Wert.

Das Pastoralinstitut soll nicht bloss eine ergänzende Bereicherung des Angebots der THC sein. Nach dem von der Fachkommission erarbeiteten Konzept, das ich als Grosskanzler voll und ganz übernommen habe, soll das Pastoralinstitut eine emblematische, inspirierende, zusammenfassende und prägende Funktion ausüben. Es soll klar signalisieren: Bei aller Wahrung des wissenschaftlichen Niveaus wird hier der Akzent auf die Heranbildung und Weiterbildung der Seelsorgekräfte, zuerst unseres Bistums, gesetzt. Das Pastoralinstitut fördert eine Synergie aller Lehrenden und eine auf den pastoralen Dienst ausgerichtete Studienzielsetzung der Studierenden. Das Ziel sind lebendige Gemeinden, eine Bistumsfamilie, die trotz der grossen geschichtlichen, kulturellen, wirtschaftlichen und soziologischen Vielfalt unseres Bistums eine missionarische Verlebendigung der Diözese verwirklichen helfen will: Salz der Erde, die Kraft des Evangeliums in unserer Zeit, die Kraft des Evangeliums für alle Mitmenschen und dies in bewusster ökumenischer Offenheit und im Dialog mit allen Faktoren der Gesellschaft. Dies hat auch der Kanton Graubünden erkannt und anerkannt. Die vom Grossen Rat mit eindrücklicher Einmütigkeit beschlossene finanzielle Unterstützung, die die staatliche Anerkennung der Studienabschlüsse ergänzt, bewegt mich zum Dank an den Kanton. Ganz besonders möchte ich die ausgezeichnete Zusammenarbeit mit dem kantonalen Erziehungsdepartement erwähnen und dafür im Namen des Bistums unseren Behörden herzlich danken. Ich danke auch den staatskirchenrechtlichen Gremien des Bistums für die Gewährung einer namhaften finanziellen Unterstützung, die bis 2009 beschlossen wurde, bis also in fünf Jahren eine fundierte Auswertung des neuen Instituts vorgenommen werden kann mit der Zielsetzung, mögliche Verbesserungen noch vorzusehen. Ich danke allen Gläubigen, die dazu beigetragen haben, dass sich das Seminaropfer in den letzten zwei Jahren beinahe verdoppelt hat. Ich danke allen Freunden und Gönnern des Seminars und der Hochschule, den Einzelnen wie auch den in der Stiftung Freunde der THC Organisierten. Ich gedenke in Dankbarkeit des verstorbenen Prof. P. Hermann Kochanek, auf den wir so viele berechtigte Hoffnungen gesetzt hatten, dessen kurzes Wirken an der THC so viel Gutes versprach und einleitete und der am Heiligen Abend 2002 von seinem schweren Leiden erlöst wurde. Ich danke den Professoren und den Studierenden, ich danke dem Hauspersonal, ich danke vor allem Gott, unserem Herrn. Durch seinen Sohn Jesus Christus hat er uns die Aufgabe erteilt, Salz der Erde zu sein. Der hl. Petrus bezeichnet das von Christus geschenkte Heil als eine Tat pastoraler Liebe: «Ihr hattet euch verirrt wie Schafe, jetzt aber seid ihr heimgekehrt zum Hirten und Bischof eurer Seelen» (1 Petr 2,25). Wir vertrauen auf die Erfüllung des von Gott durch den Propheten gegebenen Versprechens: «Ich werde euch Hirten geben nach meinem Herzen – pastores dabo vobis» (Jer 3,15). Das ist unsere Hoffnung, das unsere Kraft, das unsere Zukunft.

Gebhard Fürst
«Was ihr sucht, ohne es zu erkennen, das verkünde ich euch» (Apg 17,23)

Der Beitrag der Kirche zur Wiederentdeckung des Humanismus im 21. Jahrhundert

«Es fehlt unter uns Europäern von heute nicht an solchen, die ein Recht haben, sich in einem abhebenden und ehrenden Sinne Heimatlose zu nennen ... Denn ihr Los ist hart, ihre Hoffnung ungewiss, es ist ein Kunststück, ihnen einen Trost zu erfinden – aber was hilft es! Wir Kinder der Zukunft, wie vermöchten wir in diesem Heute zu Hause zu sein!»

Mit diesen Sätzen beschreibt Friedrich Nietzsche in seiner Aphorismensammlung «Die fröhliche Wissenschaft» eine Situation, die uns mitten ins Zentrum des Themas hineinführt. Ohne hier ausführlich den Abschnitt interpretieren zu können, möchte ich doch darauf hinweisen, dass es ihm bei der luziden Beschreibung der Gegenwart bis in den Ton hinein gelingt, neben den Chancen auch die Schwierigkeiten zu beschreiben, vor die uns die Entwicklungen stellen.

Mein Thema ist mit dem ziemlich grossen Titel «Der Beitrag der Kirche zur Wiederentdeckung des Humanismus im 21. Jahrhundert» überschrieben. Ich möchte ihm in mehreren Schritten nachgehen. Zunächst sollen einige Voraussetzungen geklärt werden: Was kennzeichnet die Situation zu Beginn des 21. Jahrhunderts? Dann möchte ich in einem exemplarischen Ausflug jene historische Situation des Paulus in Athen vorstellen, der meine Überschrift entnommen ist, um schliesslich weiterführende Perspektiven zum Thema der Wiederentdeckung des Humanismus im 21. Jahrhundert aufzuzeigen. Dabei wird unter Humanismus ein auf Bildung beruhendes Denken und Handeln des Menschen im Bewusstsein der Unantastbarkeit der Würde des Menschen verstanden.

I. Rahmenbedingungen: Der Dialog von Kirche und Gesellschaft in der säkularen Gesellschaft

Zunächst erscheint es mir nötig, dass wir uns über den häufig selbstverständlich verwendeten Begriff der «säkularen Gesellschaft» verständigen. In der Literatur werden die Begriffe Säkularisation und Säkularisierung im Sinne von Verdrängung der Religion bzw. der christlichen Kirchen aus dem öffentlichen in den privaten Raum häufig synonym verwendet. Säkularisation meint nicht eine Welt ohne Religion, sondern eine Welt, in der keine religiöse Instanz – einfach weil sie Instanz ist – um ihrer selbst willen akzeptiert wird. Sie muss sich vielmehr – wie andere Instanzen auch – mit Hilfe des Argumentes einbringen. Kein Beitrag der Kirche zur Wiederentdeckung des Humanismus kann dies übersehen!
In den Geisteswissenschaften steht Säkularisierung zudem für die Freisetzung weltlicher Verhaltens- und Bewusstseinsstrukturen aus dem Einflussbereich religiös bestimmter Vorstellungen; sie meint den Prozess der Verweltlichung von Staat und Gesellschaft und die Lösung von der Kirche. Säkularisierung bezeichnet also einen Prozess, bei dem sich das Welt- und Selbstverständnis des Menschen zunehmend ohne Rückgriff auf das Angebot christlicher Sinndeutung vollzieht, andererseits zentrale gesellschaftliche Bereiche autonomisiert und ausdifferenziert werden. Ein Beitrag zur Wiederentdeckung des Huma-

nismus muss sich also in unserer Zeit so artikulieren, dass er das christliche Sinnpotenzial säkular kommunizieren kann. Parallel zu einer gesamtgesellschaftlichen Segmentierung wird auch die Kirche zu einem spezifizierten, nur mehr partiellen Bereich innerhalb der modernen Gesellschaft. Man kann also durchaus von einem zu Entkirchlichung und Entchristlichung führenden Prozess sprechen. Interessanterweise ist es aber nun zugleich allein sprachlich so, dass Säkularisierung auch das Weiterwirken bzw. die Übernahme ursprünglich religiöser oder christlicher Sprachformen, Vorstellungsgehalte und Verhaltensweisen bezeichnet. Ein illustratives Beispiel ist die Verwendung und Abwandlung ursprünglich religiöser Themen und Bilder in Literatur oder Kunst, die sich dezidiert als «unchristlich» oder eben säkular bezeichnen würden. Auch die Geschichte des Paulus auf dem Areopag, auf die ich gleich noch ausführlich eingehen werde, wäre als frühes Beispiel für einen solchen Prozess auszulegen. Ein Beitrag müsste also gewissermassen das Weiterwirken bzw. die Übernahme ursprünglich religiöser oder christlicher Sprachformen, Vorstellungsgehalte und Verhaltensweisen aufspüren, gewissermassen die Dimension «christliche Religion im Erbe» (Ernst Bloch) identifizieren.

Auffällig ist also: Der eine Begriff Säkularisierung bezeichnet zwei gegenteilige Bewegungsrichtungen, die sich eigentlich auszuschliessen scheinen. Ich konstatiere dies zunächst nur und gehe noch einen zweiten, mehr inhaltlichen Schritt weiter. Es ist in der Vergangenheit durchaus versucht worden, die Säkularisierung zum Ausgangspunkt theologischer Theoriebildung heranzuziehen. Auch hier ist wieder eine interessante Umkehrung der Gedankenrichtung zu beobachten, bei der die eine Bewegung von einer «antichristlichen Abfallsbewegung» zu einem Unternehmen mutierte, das geradezu als Folge christlichen Glaubens verstanden wurde. Hierbei wird der Ursprungsort einer nun legitimen Säkularisierung im christlichen Glauben und dem durch ihn ermöglichten Weltverständnis erblickt. Es sei insbesondere der Glaube an die Menschwerdung Gottes und sein Kommen in die Welt gewesen, der indirekt zur Heraufführung einer bloss weltlichen Welt geführt habe. Ich nenne als theologische Gewährsleute dieser These einerseits Friedrich Gogarten und andererseits Johann Baptist Metz. Wenngleich diese These auf Anhieb überzeugt und einigen Charme zu entwickeln versteht – überholt sie doch die Moderne sozusagen nochmals und beerbt sie ihrerseits –, so möchte ich ihr doch entgegensetzen, dass sie, wie mir scheint, eine etwas zu einlinige, vereinfachende Konstruktion der Prozesse, die zur Neuzeit geführt haben, bietet. Weiter wäre anzufragen, warum das Christentum eine jahrhundertelange «Inkubationszeit» benötigte, um zum vollen Durchbruch seiner biblischen Intention, eben in Gestalt der Säkularisierung, zu gelangen. Angesichts der Tatsachen und der komplexen faktischen Entwicklung erscheint die These vielmehr als nachträgliche Legitimation eines Prozesses, der zuvor vorwiegend abgelehnt und bekämpft wurde. Die Problematisierung dieser These bedeutet nun aber nicht, dass die Säkularisierung Theologie und Kirche nicht heilsam an Aufgaben und Themen erinnert, die ihre ureigenen sind. Es ist mir vielmehr wichtig, Folgendes festzuhalten: Eine säkularisierte Welt ist nicht notwendigerweise eine Welt ohne Religion. Auch davon darf der mögliche Beitrag der Kirche zur Wiederentdeckung des Humanismus ausgehen. Religiöse Motive und moralische Vorstellungen sind weiterhin vorhanden, vielleicht sogar in einem starken Ausmass. Aber sie werden nicht mehr autoritativ aufgezwungen, sondern müssen ihre Überzeugungskraft beweisen wie andere gesellschaftliche Kräfte und Ideen auch. Säkularisierung erinnert Theologie und Kirche hiermit an ein Zentrum, nämlich dass ihr Glaube den Gründen der Vernunft durchaus offen gegenübersteht. «Seid jederzeit bereit, jedem Rechenschaft abzulegen über den Grund der Hoffnung, die euch bewegt!» (1 Petr 3,15). Ein Glaube, der sich anstossen lässt von tieferen Zielen der Säkularisierung, nämlich vorurteilsfrei und ohne Machtausübung von seinen guten Gründen zu sprechen, nimmt diese in ihm selbst angelegte Bereitschaft auf und gewinnt so eine ganz neue, eigene Stärke: die Fähigkeit, sich, seine Themen und Begründungen für Nichtglaubende nachvollziehbar in die verschiedenen Diskurse einzubringen.

Schon hier möchte ich einen weiteren Punkt benennen, mit dem ich wieder auf den eingangs zitierten Nietzsche-Text zurückkomme. In diesem klingt neben aller nüchternen Situationsbeschreibung die durchaus bang gestellte Frage durch, wie denn ein solch moderner Mensch noch einen Halt, einen Trost finden könne. Nun hat sich in den letzten Jahren gezeigt, dass gerade nichtchristliche oder agnostische Zeitgenossen heute ganz ähnliche Fragen stellen. Ein geradezu exemplarisches Musterbeispiel für einen solchen Dialog scheint mir in der Begegnung des Paulus mit den Athenern gegeben zu sein, die diesem Beitrag seine Hauptüberschrift gegeben hat. Gestatten Sie mir also einen zweiten, etwas ausführlichen historisch-biblischen Exkurs.

II. Paulus als Modellfall (Areopagrede des Paulus in Athen)[1]

In diesem Schritt möchte ich mich von der berühmten Areopagrede inspirieren lassen, die Lukas in der Apostelgeschichte vom heiligen Paulus berichtet. Diese Rede ist ein Höhepunkt in der ganzen Geschichte der Ausbreitung des frühen Christentums. Paulus und mit ihm das frühe Christentum scheuen sich nicht, in den Synagogen und auf dem Markt (vgl. Apg 17,17f) über Jesus zu sprechen. Die Adressaten waren vor allem «Gottesfürchtige», also Menschen, die schon ein gewisses religiöses Interesse mitbrachten. Paulus betrachtet solche Gespräche, da

---

1 Der folgende Abschnitt orientiert sich stark an der Predigt, die der Vorsitzende der Deutschen Bischofskonferenz, Karl Kardinal Lehmann, Mainz, beim feierlichen Eröffnungsgottesdienst der Herbst-Vollversammlung am 24. September 2002 im Hohen Dom zu Fulda gehalten hat.

er sie «täglich» führt, wohl als einen gewichtigen Teil seines Auftrags. Aber er ist ja in Athen, der Stadt und Metropole griechischer Kultur und Bildung. So begegnet er den Philosophen, fürchtet sich nicht und diskutiert mit ihnen, auch wenn sie stolz und herablassend, wie das Bildungsbürgertum aller Zeiten sein kann, sagen: «Was will denn dieser Schwätzer?» (Apg 17,18). Wer das Evangelium Jesu Christi einer fremden Welt verkünden will, muss auch mit Hohn und Spott rechnen. Die Athener halten Paulus für irgendeinen «Verkünder fremder Gottheiten». Athen ist damals ein Schmelztiegel vieler neuer Religionen und Kulte. Zwar redet Paulus «recht befremdliche Dinge», aber sie möchten doch Genaueres wissen: An dieser Stelle muss Paulus also vor gebildeten Heiden eine grundsätzliche Rede halten. Er beginnt dazu mit dem Hinweis auf eine Überfülle von Götterstatuen und heidnischen Altären, die er gesehen hatte. Denn er hatte unter den Heiligtümern einen Altar entdeckt, an den er im Gespräch und in der Predigt anknüpfen kann, mit der Altarinschrift «Einem unbekannten Gott». Meist heisst die Widmung «Den unbekannten Göttern». Wahrscheinlich will Paulus schon seine eigene Verkündigung von Gott vorbereiten. Er geht einfühlsam und zugleich geschickt vor, nimmt zunächst einmal auf, was eine erste Kontaktnahme erleichtert. Die Anknüpfung schafft eine Art von Kontinuität und erleichtert das Verständnis. Der freundliche Ton lobt die intensive Frömmigkeit der Athener, was sich freilich nicht auf ihre Götterbilder erstrecken muss. Für Paulus ist wichtig, dass er Menschen ansprechen kann, die suchen und schon gewisse Ahnungen bekunden. Der «unbekannte Gott» lädt ja geradezu zur Weiterführung des Gesprächs ein.

Aber es bleibt nicht bei einer höflichen Verbeugung. Paulus geht rasch zur Sache und öffnet seinen Zuhörern zunächst die Augen und Ohren: «Was ihr sucht, ohne es zu erkennen, das verkünde ich euch» (Apg 17,23).

In unserer sich immer mehr säkularisierenden Welt, in der aber viele Menschen nach Sinn, Orientierung und einer – wie auch immer gearteten – religiösen Dimension suchen, bedarf es eben dieser Methode des Paulus, die er auf dem Areopag anwendet. Denn er ist fest davon überzeugt, den Athenern das Geheimnis dieses unbekannten Gottes entschlüsseln zu können. Daran müssten sie ja interessiert sein. Er mutet gerade bildungsbeflissenen Menschen natürlich etwas zu, wenn er sagt, dass sie einen Gott verehren, den sie gar nicht kennen.

Paulus geht deshalb aufs Ganze und zeigt, dass hinter dem unbekannten Gott der Eine und Einzige steht, der Himmel und Erde erschaffen hat, nicht in von Menschenhand gemachten Tempeln lebt, das Menschengeschlecht geschaffen und den Menschen bestimmte Räume zum Wohnen angewiesen hat. Es ist ein Gott, der nicht Ausdruck unserer Wünsche ist. Er hat eine unableitbare Selbständigkeit: «Er lässt sich auch nicht von Menschen bedienen, als brauche er etwas» (Apg 17,25). Schliesslich gibt er ja allem, was ist, Leben und Atem. Paulus knüpft auch hier immer noch an die Gottesvorstellung seiner Zuhörer an, aber er zeigt auch die Andersheit dieses Gottes, der der Herrscher der Welt ist und zugleich in unserer Welt gegenwärtig und wirkmächtig ist. Dies alles nennt Paulus mit einem Wort, das den Griechen und den Juden zutiefst vertraut ist: Gott suchen (vgl. Apg 17,27). Paulus ist wohl auch zunächst zuversichtlich, dass alle Menschen Gott finden können. Er geht sogar so weit, dass er von einem «Ertasten», also von einer Art Berühren, spricht. Wir Menschen möchten auch in der religiösen Sphäre konkret spüren und mit all unseren Sinnen wahrnehmen. Für Paulus ist das deswegen nicht abwegig, weil Gott «keinem von uns fern ist» (Apg 17,27). Er ist uns immer nahe, sodass Paulus diese Nähe sehr konkret zum Ausdruck bringen kann: «Denn in ihm leben wir, bewegen wir uns und sind wir.» Paulus kommt seinen Zuhörern entgegen, die die Kraft ihrer Götter in dieser Welt erfahren möchten. Aber er füllt die Nähe Gottes von seiner weltjenseitigen, Leben spendenden Gegenwart her und verwirft damit ein religiöses Denken, das nur allzu leicht Gott und die Welt identifiziert. Hier tut sich der ganze Riss zwischen dem biblischen Gott und den Götzen auf, wenngleich Paulus mitten in der Distanz noch vom Gemeinsamen ausgeht. Denn trotz der Klarheit, mit der die Götzen entlarvt werden, geht Paulus verständnisvoll mit den Athenern um. Gott hat bis jetzt «über die Zeiten der Unwissenheit hinweggesehen» (Apg 17,30). Aber Paulus verspricht nicht eine Zeit besserer Erkenntnis, sondern verlangt eine radikale Umkehr, weg von der Vielgötterei und der Bilderverehrung. Gott ist zwar gross im Schonen und übt Nachsicht, verlangt aber auch eine konsequente Abkehr von den Götzen. Dafür ist die Zeit gekommen, denn Gott hat in der Offenbarung Jesu Christi nun den Mann sichtbar gemacht, der, beglaubigt durch die Auferweckung, Gerechtigkeit in die Welt bringen kann. Hier kommt Paulus an sein Ziel. Die ganze Missionspredigt läuft auf Jesus und die Auferstehung hin.

Eigentlich müsste man denken, Paulus habe das Gespräch gut eröffnet und könne nun weiter von Jesus erzählen. Doch hier scheiden sich die Geister. Paulus hat sich zwar mit seiner Botschaft dem hohen geistigen Niveau des Heidentums als geistig ebenbürtig, ja geradezu souverän erwiesen. Aber der Spott des Anfangs (vgl. Apg 17,18) kehrt wieder. Die Athener bleiben höflich, sind aber letztlich doch ablehnend, indem sie unverbindlich-nichtssagend vertrösten: «Darüber wollen wir dich ein andermal hören» (Apg 17,32). Die Umkehr bringt einen eigenen und neuen Ernst in jedes Gespräch über Religion und Glauben. Hier muss der Mensch sich entscheiden. Ganz umsonst war die Predigt jedoch nicht. Als Paulus weggeht, zeigt es sich, dass einige wenige, sogar ein Mitglied des Areopag und eine Frau, die beide mit Namen genannt werden (Dionysius, Damaris), tatsächlich gläubig geworden sind. Die Umkehr zielt auf den Einzelnen. Hier gibt es keine Masse. Dies ist die

Grenze jeder öffentlichen Rede – auf dem Markt oder auf dem Areopag. Mit der Betrachtung dieser paulinischen Rede sind wir weit ausgefahren. Und doch sind wir um das Zentrum unseres Themas gekreist. In dieser Szene scheint modellhaft auch alles Wesentliche gesagt zu werden, was für den Dialog zwischen Kirche und Welt in der modernen Welt und damit auch für den Beitrag der Kirche zur Wiederentdeckung des Humanismus im 21. Jahrhundert wichtig ist.

Zunächst die Ausgangssituation: Unsere Gesellschaft wird als Informations-, Wissens- oder auch Globalisierungsgesellschaft stark von Wirtschaft, Technologie, Fakten und dem geprägt, was die so genannten Lebenswissenschaften als neueste Erkenntnisse auf den Markt werfen. Alles, was wir in einer solchen Situation theologisch subtil über den Dialog mit Welt und Gesellschaft sagen können, hat uns diese Areopagrede deutlich gezeigt, und zwar ganz konkret-anschaulich: das Anknüpfen bei dem, was der Mensch mitbringt, das Zugehen auf ihn und das Eingehen auf seine Sehnsucht, aber auch das Entlarven von Irrwegen, der Widerspruch gegen falsche Götter und die Einladung zur Entscheidung. Der Ansatz bzw. die Anknüpfung für unsere Botschaft sollte bei dem von den Menschen an und in sich selbst als «heilungs- und heilbedürftig» Empfundenen gesucht werden. Jesus Christus kann als der Erlöser nur erschlossen werden – bzw. sich selbst erschliessen –, wo «Gestimmtheiten» von Unerlöstsein als solche bei Menschen aufgespürt, zur Sprache gebracht und als der Erlösung bedürftig und fähig gedeutet werden können. Selbstverständlich bedürfen die «Gestimmtheiten» der kritischen Konfrontation mit dem Evangelium, aber sie müssen zunächst ernst genommen werden. Der Aufbruch von Religiosität und Religion aller Schattierungen in den postmodernen Zivilisationen signalisiert die Unzufriedenheit vieler Menschen mit dem bloss Vorhandenen und zeigt die selbst empfundene, wenn auch nicht immer so benannte Erlösungsbedürftigkeit der Menschen, getreu dem Slogan: «Es muss im Leben mehr als alles geben.» Die Suche vieler Menschen ist ein erster Aufbruch auf einem Weg, von dem sie hoffen, er möge sie zu einer – wenn auch anfanghaften und wie auch immer gearteten – Erlösung führen. Bei aller Betonung der personalen Verantwortung darf dabei nicht übersehen werden, dass die Menschen heute einem Ensemble gesellschaftlich vermittelt wirkender Kräfte ausgesetzt sind, denen sie sich nur schwer zu entziehen vermögen. In der konkreten kulturellen Gestimmtheit der Menschen einer jeweiligen Gesellschaft sollten kollektive und individuelle «Inseln eines präevangelischen Klimas» aufgespürt und im Sinne von «aufnehmen, annehmen, verwandeln» zur Entfaltung kommen können. Die Kultur, in der der Mensch heute als seinem zunächst primären Lebensraum lebt, gilt es dabei genau zu kennen, sodann Kriterien der Unterscheidung zu entwickeln und die positiven Elemente als Anknüpfungspunkte für die Verkündigung des Evangeliums zu sehen und nützen zu lernen.

Bei all dem ist Glaubwürdigkeit gefragt. Im kirchlichen Leben muss überzeugend vorgelebt werden, was an die Gesellschaft und an die Menschen ausserhalb der Kirche als Forderung bzw. Verheissung herangetragen werden soll. Das mutige Zeugnis und Bekenntnis vor den Menschen, das durch die eigene, ausstrahlende Lebensgestaltung (Lebensstil!) gedeckt ist, ist die wirksamste Methode, den Reichtum und die Tiefe des kirchlichen Lebens in Christus, dem Erlöser des Menschen, zu erschliessen. Aber dies darf nicht nur personalistisch eng geführt werden, sondern muss auch im Leben und in der Gestalt der Kirche und der Gemeinden zum Tragen kommen. Mit anderen Worten: Wir können nur einen Beitrag zum Humanismus in unserer Zeit leisten, wenn wir selbst vom intendierten Inhalt dieses Humanismus im Inneren der Kirche geprägt sind.

Eine Kirche, die sich auf den Dialog mit der Welt einlässt, hat dabei selbst eine dialogische Kirche zu sein. Das, was zu tun ist, in der Kirche und für die Welt, muss dialogisch geschehen. Kirche muss also in sich selbst dialogisch verfasst sein. Anders ist Wahrheit heute auch innerkirchlich nicht rezeptions- und konsensfähig. Das bedeutet keine Auflösung der Struktur der Kirche in Richtung auf reine Synodalität, aber eine möglichst intensive Verwirklichung des reziproken Dialogs. In der Begegnung von Kirche und Welt kann die Idee des Dialogs nur dann glaubwürdig verwirklicht werden, wenn der Dialog nicht nur «nach aussen» geführt und angemahnt, sondern auch «nach innen» praktiziert wird.

Und noch eines: Je mehr unsere Welt in Bewegung ist, je differenzierter das verfügbare Wissen, je vielgestaltiger die menschlichen Lebensformen werden und je mobiler das Leben verläuft, umso wichtiger wird für einen gelingenden Dialog die Verlebendigung einer alten Kulturleistung, die Paulus auch nicht unwichtig war und zu der er aufgefordert hat: die Kulturleistung der Gastfreundschaft. Die Grundhaltung der Gastfreundschaft sieht im Gast den Menschen, der das Kostbarste mitbringt: sich selbst, seine Lebenserfahrung, sein Wissen, seine Gesprächsbereitschaft, seine Teil-Nahme. Auch dies wäre von einem Mann wie Paulus zu lernen, der Glaubenlernen immer auch als das Mitteilen von Erfahrungen und das gemeinsame Einüben neuer Lebensmodelle verstanden hat. Der Beitrag der Kirche zur Wiederentdeckung des Humanismus im Dialog mit der Welt braucht ideelle und reale Orte der Gastfreundschaft, Orte zum Verweilen, Orte der Unterbrechung, Orte zeitvergessener Gespräche.

Bei all dem aber dürfen wir nie die ernste Suche nach dem Gelingen des Lebens und in letzter Hinsicht die Suche nach dem Heil ausser Acht lassen und auch der hinter allem Humanismus steckenden Frage nach der Wahrheit, nach dem, was Bestand hat im Leben und im Tod, nicht ausweichen. Gerade deshalb dürfen wir uns auch nicht vom eigenen missionarischen Zeugnis vor der Welt dispensieren. Dies darf auch kein noch so gut gemeinter Dialog einfach preisgeben. Es geht doch vielmehr darum, gerade die abweichende, möglicherweise befremdende Äusserung als Anstoss zu nehmen, das Eigene genauer zu fassen, präziser, zeitgemässer zu formulieren, möglicherweise gemeinsam mit den Gesprächspartnern wiederzuentdecken. Und auf diesem Weg scheint mir etwas ganz entscheidend zu sein, was ich im nächsten grossen Abschnitt exemplarisch mit der Dimension des Heiligen im Interesse des Humanum in der heutigen Gesellschaft ausführen möchte.

III. Die Dimension des Heiligen in der heutigen Welt

Eine meiner Thesen lautet: Ohne die Dimension des Unverfügbaren, von den Religionen als das Heilige gehütet, liefern wir Menschen uns an uns selbst aus, versuchen wir, unser eigener Gott zu werden, berauben wir uns der Grundlage eines jeglichen Humanismus und zerstören die Würde des Menschen. Der jüdische Philosoph Hans Jonas befasste sich bereits 1979 in seinem viel beachteten Buch «Das Prinzip Verantwortung»[2] mit Spannungen, Widersprüchen und Wunden, die unser technologisches Zeitalter prägen. Seine darin entwickelte Ethik formuliert Einsichten, die mitten hinein in unsere Zeit und ihre Diskussionen passen. Jonas fordert uns eindringlich auf, anstehende ethische Fragen nachhaltig zu bedenken und Antworten zu finden, «*bevor* wir uns auf eine Fahrt ins Unbekannte einlassen»[3]. Das grösste Problem fasst er präzise in folgenden Satz: «Die ‹Zukunft› (…) ist in keinem Gremium vertreten; sie ist keine Kraft, die ihr Gewicht in die Waagschale werfen

2 Hans Jonas, Das Prinzip Verantwortung. Versuch einer Ethik für die technologische Zivilisation. Frankfurt/M. 1979.
3 Ebd. 53, kursiv im Original.

30

kann. Das Nichtexistente hat keine Lobby und die Noch-nicht-Geborenen sind machtlos».[4] Hellsichtig fordert Jonas eine Ethik, die in der Lage ist, den enormen Möglichkeiten, die wir heute besitzen, standzuhalten. Dabei kann er sich eine solche Ethik ohne die Kategorie des Heiligen nicht vorstellen. «Es ist die Frage, ob wir ohne die Wiederherstellung der Kategorie des Heiligen, die am gründlichsten durch die wissenschaftliche Aufklärung zerstört wurde, eine Ethik haben können, die die extremen Kräfte zügeln kann, die wir heute besitzen und dauernd hinzuerwerben und auszuüben beinahe gezwungen sind. (…) Nur die Scheu vor der Verletzung eines Heiligen ist unabhängig von den Berechnungen der Furcht und dem Trost der Ungewissheit noch ferner Folgen».[5] Seine abschliessenden, in beschwörendem Ton formulierten Sätze lauten: «Die Ehrfurcht allein, indem sie uns ein ‹Heiliges›, das heisst unter keinen Umständen zu Verletzendes enthüllt (und das ist auch ohne positive Religion dem Auge erscheinbar), wird uns (…) davor schützen, um der Zukunft willen die Gegenwart zu schänden, jene um den Preis dieser kaufen zu wollen».[6]

Um einer unsicheren Zukunft willen die Gegenwart schänden? Genau hier liegen die zentrale Frage und das grosse Dilemma der derzeitigen Diskussion. Die bioethischen Fragestellungen von enormer Reichweite halte ich dabei für ein gutes Beispiel, das einerseits die Schwierigkeiten konkretisiert, andererseits aber auch das chancenreiche Wirken der Christen in unserer Gesellschaft verdeutlicht und somit den Beitrag der Kirche bei der Wiederentdeckung des Humanismus markiert. Auch wenn für Hans Jonas das Heilige, das heisst das unter keinen Umständen zu Verletzende, auch ohne positive Religion ansichtig wird, so ist doch die christliche Religion mit ihrer Grundwahrheit von der Gottebenbildlichkeit des Menschen die herausragende Hüterin des

---

4   Ebd. 55.
5   Ebd. 57 f.
6   Ebd. 393.

Heiligen am Menschen: Für Christus ist der Mensch der unter keinen Umständen zu Verletzende! Und der Verletzte muss wieder in den Status seiner Unverletzlichkeit und Unverletztheit gestellt werden. Der Mensch ist dem Christen ein Heiliges, ein Unverfügbarer, weil von Gott Verfügter, ein zu Verschonender.

Das kritisch-normative Potenzial des christlichen Bildes vom Menschen und seines Universalismus kann analog zur Klärung und Prüfung anderer konkreter Fragen fruchtbar gemacht werden. Ich denke hier aktuell an den Bereich der Einwanderungs- und Asylpolitik, aber auch an das derzeit sehr aktuelle Themenfeld der Friedens- und Sicherheitspolitik. Das fragende Unterbrechen durch Christen mag einige Politiker und Wissenschaftler stören: Der Weiterentwicklung der Gesellschaft und vor allem dem Wohl der Menschen aber tun diese heilsamen Unterbrechungen gut. Denn Christen und Kirche leisten diesen Dienst des Fragens aus dem Evangelium heraus und in der Überzeugung, mit dem Evangelium keine Sonderbotschaft für einen kleinen Kreis zu verkünden, sondern die grundlegende Botschaft des Lebens für alle Menschen zur Sprache zu bringen. Die von Botho Strauss angesichts der negativen Auswirkungen der Globalisierung vorgetragene Forderung «Wenn aber der Globus ein Dorf, dann bitte auch die Kirche darin lassen»[7] bekommt so aus der starken Motivationskraft der christlichen Religion zum Engagement ein ganz konkretes Gesicht im Interesse des Lebens der Menschen und der ihnen eigenen Würde – weltweit.

Bemerkenswerterweise zeigt sich in unserer Zeit, dass auch nichttheologische Argumentationen zur Einsicht führen, dass die Menschenwürde dem Menschen allein schon aufgrund seines Menschseins zukommt und jeder rechtlichen Regelung vorgängig ist. Diese Dimension

---

7   Botho Strauss, Wollt ihr das totale Engineering? Ein Essay über den Terror der technisch-ökonomischen Intelligenz, über den Verlust von Kultur und Gedächtnis, über unsere Entfernung von Gott. In: Die Zeit (52/2000) 59–61, hier 60.

des Unverfügbaren, die das Menschsein eigentlich ausmacht, droht heute zugunsten zweitrangiger Ziele aufgegeben zu werden. Sie ist eine zentrale Dimension des Humanismus. Der Mensch zerbricht an dem Widerspruch, sich einerseits zum Gott über Leben und Tod von Menschen aufzuwerfen und andererseits zugleich so gering von sich zu denken, dass er menschliches Leben ganz am Anfang bloss noch als verwertbares Biomaterial betrachtet und es am Ende darum geht, ihn sozialverträglich zu entsorgen! Deshalb muss der Mensch als Mensch Ziel und Zweck aller gesellschaftlichen und wissenschaftlichen Entwicklung sein, er darf jedoch niemals als Mittel zu irgendwelchen Zwecken instrumentalisiert werden. Was wissenschaftlich und technisch versucht wird, gerade in der Medizin und Pharmazeutik, muss dem Wohl des Menschen, auch dem Wohl der kommenden Generationen *nachgewiesenermassen* dienen. Es ist ein Widerspruch in sich, wenn Forschung und Technik – Biowissenschaften und Biotechnologien –, die angeblich dem Menschen dienen wollen, dafür Menschenleben «verbrauchen». Die menschliche Reproduktion orientiert sich zunehmend am Paradigma der industriellen Produktion. Ein Kind aber ist kein Produkt, keine Sache oder Ware, für die bei Mangelhaftigkeit Schadensersatz geltend gemacht werden könnte. Es ist auch eine grausame Zumutung für einen Menschen, in dem Bewusstsein leben zu müssen, nach ganz bestimmten Erfolg versprechenden genetischen Anlagen zum Leben auserwählt worden zu sein und sich entsprechend entwickeln zu sollen (vielleicht eine Fernwirkung der Zulassung von Präimplantationsdiagnostik).
Auch das heisst in unserer Zeit Humanismus: Es gilt, in dieser Zeit in hohem Masse Sensibilität und moralische Kompetenz fortzuentwickeln. Dabei befürwortet ein christlicher Humanismus durchaus Gentechnik und Biomedizin, wo sie die Würde des Menschen achten und fördern. Im Namen eines christlichen Humanismus muss die Kir-

che aber auf Gefahren und Folgen hinweisen, die sich hieraus ergeben. Das Christentum und mit ihm ein aus ihm geborener christlicher
Humanismus sind nicht forschungsfeindlich, sondern lebensfreund-
lich. Ethisch richtige, lebensdienliche Ziele und Methoden in der Gentechnik dürfen und müssen unterstützt werden, falsche Zielsetzungen
der Gentechnik allerdings gilt es zu durchschauen. Weder ist alles zu
glauben, was sie verspricht, noch alles zu tun, was sie ermöglicht. Insbesondere gilt es, die Würde des Menschen, die Grundrechte auf Leben und körperliche Unversehrtheit ebenso wie die Selbstbestim-
mungsrechte und die Persönlichkeitsrechte zu achten und so einer humanen Kultur des Lebens zum Durchbruch zu verhelfen. Christlicher
Humanismus erweist sich als heilsamer Realismus, der gegen über-
zogene Heilserwartungen kritischen Widerstand anmeldet.

Jürgen Habermas hat am 14. Oktober 2001 anlässlich der Verleihung
des Friedenspreises des Deutschen Buchhandels eine viel beachtete
Rede gehalten und darin den notwendigen Dialog zwischen der säkularen Welt und der Religion angemahnt. Am 11. September 2001 sei –
so seine Formulierung – die «Spannung zwischen säkularer Gesellschaft und Religion (...) explodiert»[8]. In diesem Kontext wendet er sich
gegen «einen unfairen Ausschluss der Religion aus der Öffentlichkeit»[9]. Ein solcher Ausschluss würde «die Gesellschaft von wichtigen
Ressourcen der Sinnstiftung abschneiden»[10]. Auch die säkulare Seite
müsse sich in diesem Dialog «einen Sinn für die Artikulationskraft religiöser Sprache»[11] bewahren, denn: «Die Grenze zwischen säkularen
und religiösen Gründen ist ohnehin fliessend. Deshalb sollte die Fest-
legung der umstrittenen Grenze als eine kooperative Aufgabe verstanden werden, die von *beiden* Seiten fordert, auch die Perspektive der je-

8 Friedenspreis des Deutschen Buchhandels 2001. Jürgen Habermas. Ansprachen aus Anlass der
   Verleihung. Frankfurt/M. 2001, 37.
9 Ebd. 47.
10 Ebd.
11 Ebd.

weils anderen einzunehmen»[12]. Ich formuliere die Konsequenz daraus mit eigenen Worten: Säkulare Gesellschaft und Kultur unserer Tage sind nicht auf der Höhe der Zeit, wenn sie und ihre Vertreter nicht in der Lage oder willens sind, ihrerseits auf Augenhöhe mit dem kulturellen und humanen, dem sozialen und spirituellen Potenzial der christlichen Religion zu kommunizieren.

Ich fasse zusammen: Die Herausforderungen, vor die uns die Säkularisierung heute stellt, ergehen an Kirche und säkulare Gesellschaft gleichermassen. Die Kirche wird herausgefordert, sich zu besinnen und ihr Eigentliches engagiert, konzentriert und weltnah zu entfalten. Gegenüber der säkularen Situation hat die Kirche, «gerade weil sie diese Gesellschaft nicht integralistisch, doktrinär und rechtlich, in ihren konkreten Entscheidungen manipulieren kann, eine ganz neue Aufgabe, die man vielleicht als prophetisch qualifizieren könnte» (Rahner). Die säkulare Gesellschaft aber steht vor der nicht geringeren Aufgabe, sich nicht vorschnell und selbstzufrieden in einem biederen Säkularismus einzurichten und sich so von den wichtigsten Lebensquellen abzuschneiden. Die Politiker und Kulturschaffenden, die Medienvertreter, die Intellektuellen und die Wissenschaftler möchte ich deshalb fragen: Versäumt ihr nicht Substanzielles, wenn ihr das Hoffnungs- und Handlungspotenzial der christlichen Religion und ihre ethosbildende Kraft vergesst oder überseht und in eurem Denken und Handeln ausser Acht lasst? Seid ihr da wirklich auf der Höhe der Zeit? Unsere säkulare Kultur ist eingeladen, erneut in den konstruktiven Dialog mit der christlichen Religion einzutreten und auf Augenhöhe mit ihr zu kommunizieren. «Der egalitäre Universalismus, aus dem die Ideen von Freiheit und solidarischem Zusammenleben entsprungen sind, ist unmittelbar ein Erbe der jüdischen Gerechtigkeit und der christlichen Liebesethik. In der Substanz unverändert ist dieses Erbe

---

12 Ebd., kursiv im Original.

immer wieder kritisch angeeignet und neu interpretiert worden. Dazu gibt es bis heute keine Alternative».[13]

Im Stück «Aufstieg und Fall der Stadt Mahagonny» von Bert Brecht wird ein Mann wegen Mangel an Geld zum Tod verurteilt. Den Tod vor Augen, stellt er noch eine letzte Frage: «Denkt ihr denn gar nicht an Gott?» Mir scheint in dieser Frage ein wesentliches Zeichen auch unserer Zeit angesprochen zu sein, einer Zeit, die sich bemüht, eine rein immanente Sicht von Welt, Mensch und Gesellschaft zu etablieren, und dabei Gefahr läuft, wesentliche Dimensionen aus dem Blick zu verlieren. Eine fraglose Sicherheit, die sich nur noch am Massstab des Machens und des Nutzens ausrichtet, verliert ihre Orientierung und wird bald zu einer gnadenlosen Angelegenheit von Macht und Machtmissbrauch, einer erbarmungslosen Angelegenheit zwischen Starken und Schwachen, Besitzenden und Habenichtsen, Perfekten und Behinderten, Ausgegrenzten und denen, die Grenzen ziehen.

«Denkt ihr denn gar nicht an Gott?» Das ist die zentrale Frage für die Wiederentdeckung des Humanismus heute. Denn: Erleben heute Menschen Gottes Nähe, sodass sie in unserer Zeit ihm nahe sein könnten? Erfahren viele nicht eher Gottesferne oder gar «Gottesfinsternis», wie Martin Buber es ausdrückt? Ist der Gottesglaube unter den Menschen von heute, auch unter uns, lebendig oder tot? Statt Gott als den Lebendigen zu erfahren, erleben Menschen heute einen ebenso schleichenden wie dramatischen Verlust an Gottesbezug, an Transzendenz, wie das noch in keiner Epoche unserer europäischen Geschichte der Fall war. Wir leben in einer immer mehr säkularisierten und sich säkularisiert verstehenden Umwelt, in einer Welt und Kultur, die sich von Gott emanzipiert, als rein immanent versteht und sich auch so begründen will. Zentrale Werte gehen verloren, Orientierung in einer von extre-

---

13 Jürgen Habermas, Gespräche über Gott und die Welt, zit. nach: Michael Naumann, Der Gott, der uns fehlt. In: Die Zeit (52/2001) 1.

mem Wertepluralismus bestimmten Gesellschaft wird immer schwieriger.

Die gegenwärtigen krisenhaften Erschütterungen unserer Gesellschaften in Europa sind Folgen und Spätfolgen von Ereignissen vielfältiger Art, gewiss aber auch Auswirkungen philosophisch-metaphysischer Setzungen, die erst heute unser Alltagsbewusstsein und unser Zusammenleben erreichen. Zu ihnen gehört wesentlich auch die Proklamation des Todes Gottes durch Friedrich Nietzsche in seiner Figur vom tollen Menschen. Wie im Erschrecken über das Verschwinden Gottes fragt der tolle Mensch in seiner «fröhlichen Wissenschaft»: «Was taten wir, als wir diese Erde von ihrer Sonne losketteten? Wohin bewegt sie sich nun? Wohin bewegen wir uns? Fort von allen Sonnen? Stürzen wir nicht fortwährend? Und rückwärts, seitwärts, vorwärts nach allen Seiten? Gibt es noch ein Oben und ein Unten? Irren wir nicht wie durch ein unendliches Nichts? Haucht uns nicht der leere Raum an? Ist es nicht kälter geworden? Kommt nicht immerfort die Nacht und mehr Nacht?»[14]

Dieses Projekt geht über die Ablehnung Gottes hinaus. Die Folge des Verlustes der Gottesbeziehung, der Transzendenz und der sie tragenden christlichen Religion ist schon von Nietzsche selbst mit gewaltigen Bildern vorhergesagt worden: Er spricht vom Verlust der Mitte, vom Taumeln, ja vom unkontrollierbaren Stürzen ohne Werte in Orientierungslosigkeit, die auch den Verlust der Zukunftsfähigkeit mit sich bringt. Denn wer die Orientierung im Heute verloren hat, ist nicht fähig, die Zukunft zu gestalten. Gestalten kann nur, wer Gestaltungsmassstäbe besitzt. Orientierungskraft und Zukunftsfähigkeit gehören unlösbar zusammen.

Der Zerfall der religiösen Ordnung bedroht auch die kulturelle Ordnung. Die Institutionen verlieren ihre Vitalität, «das innere Gerüst der

---

14   Friedrich Nietzsche, Die fröhliche Wissenschaft, Aph. 125. Stuttgart 1965, 140 f.

Gesellschaft stürzt in sich zusammen und löst sich auf; die Aushöhlung der Werte vollzieht sich erst langsam, dann beschleunigt sie sich; die Kultur läuft Gefahr zusammenzustürzen.»[15] Nicht wenige ernst zu nehmende Zeitgenossen diagnostizieren deshalb, die moderne Welt, in der wir leben, befinde sich im Prozess der Selbstauflösung.[16] Dies wirkt sich aus. Infolge des Verlustes von Transzendenz und Orientierung fixieren sich Menschen immer mehr auf ihre pure Gegenwart und verlieren die Beziehung zur Zukunft und ihrem Recht.[17] Die Gesellschaft wird zum «Club der Anwesenden»[18], zu einer Gesellschaft, die nur noch mit sich selbst beschäftigt ist und der die noch Abwesenden, die zukünftigen Menschen, aus dem Blick geraten. Schon der Klassiker der Staats- und Gesellschaftslehre, Charles Tocqueville, hat diese Zusammenhänge erkannt. Er «verbindet den Schwund des Glaubens mit dem Verlust des Sinnes für das Künftige. Die Religion gibt dem Menschen den Sinn des Zukünftigen. Die Religionen gewöhnen allgemein daran, sich auf die Zukunft einzustellen».[19] «Sobald die Menschen nicht mehr gewohnt sind, ihre Haupthoffnungen auf weite Sicht zu bauen, treibt es sie (…) nach sofortiger Verwirklichung ihrer (…) Wünsche, und vom Augenblick an, da sie nicht mehr an ein ewiges Leben glauben, handeln sie so, als hätten sie nur einen einzigen Tag zu leben».[20] Welche Folgen das für den einzelnen Menschen und seine Lebensgestaltung hat, liegt auf der Hand: Angesichts eines nahezu unendlichen Angebots der Selbstverwirklichung in der Konsumgesellschaft führt der Verlust der Transzendenz und des Glaubens an ewiges Leben zur Zeitknappheit und zur alles andere dominierenden Angst,

---

15 René Girard, Das Heilige und die Gewalt. Frankfurt/M. 1992, 77.
16 Vgl. Rémi Brague. In: Debatte (4/2002) 21.
17 «Totalherrschaft der Gegenwart», vgl. zu diesem Begriff Michael Wiesberg, Botho Strauss. Dichter der Gegenaufklärung. Dresden 2002, 85.
18 Vgl. Brague, a. a. O. (oben Anm. 16).
19 Zit. nach: Brague, a. a. O. (oben Anm. 16).
20 Ebd.

jetzt ja nichts zu versäumen. Der Verlust der eigenen Zukunftsfähigkeit und der Zukunftsfähigkeit der Gesellschaft sind die Konsequenzen.[21] Ich will mit diesen Gedanken deutlich machen, dass wir es in unserer gegenwärtigen kulturellen Situation mit Auswirkungen geistesgeschichtlicher Entwicklungen zu tun haben, die wir als gottgläubige Christen ernst nehmen und bedenken wollen, wenn wir als Kirche in die Zeit hineinsprechen und uns auf unsere Zeit einlassen möchten, um ihre Zukunft mitzugestalten. Glaube, Religion eröffnen und ermöglichen eine humane Zukunft. Ohne Beziehung zu Transzendenz, ohne Gottesglauben, ohne Religion, auch als tragendes System von Orientierung, von Grundhaltungen und Werten im Heute und für die Zukunft – das ist das Ergebnis dieser Überlegungen –, sind Zivilisationen und in ihr die Menschen nicht wirklich zukunftsfähig. Das Christentum mit seiner Botschaft vom Reich Gottes und dem damit verbundenen Hoffnungspotenzial ist eine Religion der Hoffnung.[22] Eine Religion der Hoffnung, die zugleich Handlungsziele für die Mitgestaltung der Zukunft anzubieten hat, Christen müssen ihr Hoffnungspotenzial in die moderne Gesellschaft einbringen, um deren Zukunftsfähigkeit willen.

«Denkt ihr denn gar nicht an Gott?»: Diese Frage wach zu halten und in den verschiedenen Dimensionen des Lebens zu konkretisieren, scheint mir die wichtigste Aufgabe der Christen heute zu sein. Der Schriftsteller Botho Strauss lässt in einem seiner Bühnenstücke eine Person sagen: «Was dem Zeitalter an ‹Utopie› verloren ging, kann ihm die Religion zurückgeben.»[23] Christen sind nicht für sich selbst da. In vielfacher Weise fehlen unserer Gesellschaft Licht, Orientierung, Werte, Lebensmodelle, um (über-)leben zu können. Unsere Gesellschaft

---

21 Vgl. Marianne Gronemeyer, Das Leben als letzte Gelegenheit. Sicherheitsbedürfnisse und Zeitknappheit. Darmstadt 1996.

22 Ernst Bloch: «Wo Hoffnung ist, ist so in der Tat Religion.» Ernst Bloch, Das Prinzip Hoffnung. Frankfurt/M. 1963, 1417. Vgl. dazu Alfred Jäger, Reich ohne Gott. Zur Eschatologie Ernst Blochs. Zürich 1969, 54 f.

23 Botho Strauss, Der Gebärdensammler.

braucht das Salz der Kirche, damit sie nicht fade wird und sich nicht mit Unrecht, das geschieht, abfindet. Deshalb sollten wir als Kirche in der Welt das Ziel im Auge behalten, mit christlichem Freimut das Evangelium zeitgenössisch zu verkünden, selbstbewusst von unserem Glauben Zeugnis abzulegen und uns kompetent in die gesellschaftlichen Auseinandersetzungen einzumischen. Die Botschaft, die unserer Kirche anvertraut ist, ist nicht nur Licht für uns selbst, sondern «Licht für die Welt». Mit anderen Worten: Die Kraft, den entscheidenden Beitrag zur Wiederentdeckung des Humanismus zu leisten, steckt bis heute im Christentum: Es gilt, sie zu nutzen.

Eva-Maria Faber
Von der Chance des Evangeliums in unserer Zeit[1]

Es gibt Zeiten, in denen Standortbestimmungen angezeigt sind. Wie soll es weitergehen? Welche Initiativen sind zu ergreifen? Und: Wie steht es mit den Erfolgsaussichten? «Wenn einer von euch einen Turm bauen will», ein Pastoralinstitut gründen, eine Kathedrale renovieren will ..., «setzt er sich dann nicht zuerst hin und rechnet, ob seine Mittel für das ganze Vorhaben ausreichen? Sonst könnte es geschehen, dass er das Fundament gelegt hat, dann aber den Bau nicht fertig stellen kann. Und alle, die es sehen, würden ihn verspotten» (Lk 14,28f).
Standortbestimmungen scheinen auch in der gegenwärtigen Situation der Kirche dringlich. Es genügt nicht, einfach nur (je nach Einschätzung) den Ist-Stand oder den Untergang zu verwalten. Zwischen Nervosität, Behaglichkeit, Resignation und zu beherztem Neuaufbruch mahnenden Stimmen scheint es ratsam, nüchtern die Chancen auszurechnen, die das Evangelium heute hat.
Die Rede von der *Chance* des Evangeliums mit dem *Ausrechnen von Chancen* in Verbindung zu bringen, löst Unbehagen aus – und das soll es auch! Denn so kann heilsam die Frage aufbrechen, was hier eigent-

---

1 Der hier abgedruckte Beitrag ist die überarbeitete Fassung eines Vortrags anlässlich des Churer Bistumsjubiläums (451–2001) am 1. Dezember 2001 im Priesterseminar St. Luzi, Chur, der in SKZ 170 (2002) 70–77, abgedruckt wurde.

lich wie berechnet werden soll. Woran sollen wir uns orientieren, wenn es um die Chance des Evangeliums geht? Es ist menschlich, dass wir uns an Bestandsaufnahmen, an Statistiken halten, die uns Auskunft über verfügbare Mittel und «mobilisierbare Anhänger/Mitglieder» geben. Überliessen wir uns diesem Bann der Zahlen, dann kämen wir möglicherweise zu dem resignierten Ergebnis, es sei vernünftiger, Kirchen und Kathedralen nicht zu renovieren, nicht in eine Hochschule und ein Seminar zu investieren und schon gar nicht neue Projekte anzugehen – denn es könnte sein, dass wir den Bau zwar noch hinstellen, ihn aber gar nicht mehr brauchen.

Eine solche Mentalität, welche die Zukunftsperspektiven am Besitzstand ablesen will, läuft aber Gefahr, die Chance des Evangeliums zu verpassen. Das Lukasevangelium, das da vom Errechnen der Mittel spricht, endet überraschend: «Darum kann keiner von euch mein Jünger sein, wenn er nicht auf seinen ganzen Besitz verzichtet» (Lk 14,33). Die Geschichte vom Rechnen scheint vor allem die Einsicht wecken zu wollen, dass man bei dem, worum es im Evangelium geht, mit dem Ausrechnen des *Vorhandenen* nicht weiterkommt. In der Nachfolge Jesu gilt es, anders anzusetzen – gilt es, sich von falschen Stützen zu verabschieden. Entscheidendes Investitionsmittel ist die eigene Bereitschaft, sich auf das Evangelium einzulassen. Dieses schöpft seine Chancen nicht aus menschlichen Erfolgsbilanzen – es bringt seine Chancen vielmehr selbst mit –, gerade deswegen ist es ja Evangelium, Frohbotschaft. Am Anfang der christlichen Kirche steht darum nicht die Frage, ob am Besitzstand ablesbar ist, welche Chance das Evangelium hat, am Anfang der Kirche steht der Ruf: «Kehrt um, und glaubt an das Evangelium» (Mk 1,15). Wir kommen nicht umhin, diese Herausforderung auf uns selbst zu beziehen. Das Evangelium bringt seine Chancen mit, doch braucht es Menschen, die es verkündigen, und zwar Menschen, die selbst an das

Evangelium glauben und davon überzeugt sind, dass sie eine *Froh-Botschaft* zu verkünden haben (s. u. III.).

Zuerst sei aber einer anderen Frage Raum gegeben, die der Ratlosigkeit, die uns gegenwärtig umtreibt, entspringt. Es ist ja gut und schön, die Chance des Evangeliums in ihm selbst festzumachen. Doch ist es nicht unser Problem heute, dass der Ruf zum Glauben, zum Evangelium ungehört verhallt? Demgegenüber möchte ich im ersten Teil meines Beitrages für die Überzeugung werben, dass das Evangelium auch in unserer Zeit eine Chance hat, ja mehr noch, dass das Evangelium für unsere Zeit eine Chance ist. Wir sollten den Mut haben, unsere Zeit als Kairos, als günstige Zeit, für die Verkündigung des Evangeliums zu erkennen (I.) und die damit verbundene Herausforderung (II.) anzunehmen.

I. Unsere Zeit als Kairos für die Verkündigung des Evangeliums

Unsere Pfarreien sind kleiner geworden – trotz aller Bemühungen, sie lebendig zu gestalten. Manche Christen haben etwas resigniert und denken: Man sollte sich damit abfinden und mit und in der kleinen Herde zufrieden sein. Doch wer das Evangelium selbst als das gehört und angenommen hat, was es ist, als eine frohe, befreiende Botschaft, der wird sich mit dem Rückzug auf die kleine Schar nicht zufrieden geben. Mit dem, was uns selbst kostbar geworden ist, können wir nicht hinter dem Berg halten. Wir können es auch nicht in den kleinen, inneren Kreisen unserer Pfarreien belassen.

Wer aus diesem Grund den Dialog mit unserer gegenwärtigen Zeit sucht, wird entdecken, dass die Menschen um uns herum mehr als erwartet suchende Menschen sind. Es gibt nicht nur eine oberflächliche Spassgesellschaft, sondern daneben oder sogar mitten darin «eine neue Nachdenklichkeit»[2]. Eine ganze Palette von Symptomen zeugt von intensiven Suchbewegungen der Menschen heute, angefangen bei Filmen, die in beeindruckender Weise letzte Existenzfragen thematisieren, über einen Boom von religiösen Angeboten bis hin zur Werbung, die nicht so sehr auf religiöse Symbole setzen würde, entspräche dies nicht verbreiteten Bedürfnissen.

Gewiss, die Suchbewegungen gehen zuweilen etwas eigenartige Wege; die neue Nachdenklichkeit bleibt oftmals ratlos. Aber wir dürfen von den Menschen nicht erwarten, dass sie von sich aus das Evangelium schreiben – so wie auch wir es nicht selbst erdacht und geschrieben, sondern gehört haben. Die Frage ist nicht, ob Menschen heute immer schon christlich denken. Nein, das tun sie nicht – aber haben Menschen je «immer schon christlich» gedacht? Jedenfalls ist diesbezüglich die Pastoral dringend gefragt, umzulernen und anders anzusetzen als bisher. Wir können nicht einfach davon ausgehen, dass alle Menschen schon Christen sind und nur noch etwas geködert und intensiver eingebunden werden müssen (und dann sind wir enttäuscht, dass sie nicht anbeissen). Viele Menschen kennen das Evangelium so wenig, dass wir es ihnen ganz neu bezeugen müssen. Voraussetzung dafür ist nicht, dass Menschen bereits christlich denken, sondern allein, dass sie für die Botschaft von einem neuen, erfüllten Leben offen sind.

Die erwähnten Suchbewegungen in unserer Zeit lassen zuversichtlich sein, dass das Evangelium heute auf einen fruchtbaren Boden fallen kann. Nicht verschwiegen sei andererseits, dass es Anzeichen dafür gibt, wie bedroht Menschen auf ihrer Suche nach Sinn und Glück sind. Gerade diese Ambivalenz unterstreicht, dass wir zum Dienst an den suchenden Menschen verpflichtet sind, auch wenn ihre Wege sie nicht unmittelbar zur Kirchentür führen.

An zwei Facetten der gegenwärtigen Lebenswelt sei dies vertieft.

2   Die deutschen Bischöfe: «Zeit zur Aussaat». Missionarisch Kirche sein. 26. November 2000. Hrsg. Sekretariat der Deutschen Bischofskonferenz. Bonn 2000 (Die deutschen Bischöfe 68), 9. In diesem Buch S. 68.

1. Die Erlebnisgesellschaft auf der Sinnsuche

Die Ambivalenz menschlicher Suchbewegungen ist bereits an einem Phänomen wie der Werbung ablesbar. Sie preist ihre Kaufobjekte dadurch an, dass sie diese mit der Verheissung besonderer Erfahrungen verknüpft. Menschen sind nicht mehr einfach mit dem materiellen Produkt zufrieden, sondern erwarten sich davon mehr: ein Erlebnis, also eine mehr innere Befriedigung. Der neue Schuh ist nicht nur ein neuer Schuh, sondern bringt – jedenfalls der Werbung zufolge – ein neues «Lauferlebnis» mit sich. Die so genannte Erlebnisgesellschaft hat den blossen Materialismus, der in der Immanenz verschlossen war, abgelöst und weist an sich durchaus in eine gute Richtung. Menschen empfinden sehr wohl, dass das Materielle allein sie nicht zufrieden stellen kann. Der französische Philosoph Luc Ferry bringt es etwas ironisch so auf den Punkt: Der Mensch spürt, «dass er nicht ausschliesslich deshalb auf der Welt ist, um ständig immer leistungsfähigere Autos oder Videogeräte zu kaufen»[3].

Doch wo zu finden wäre, was ganzheitlich erfüllen könnte, das wissen Menschen oft nicht. Der Werbung zufolge ist die Antwort auf ihre Sehnsüchte dann doch nur ein Auto, eine Urlaubsreise usw. Wenn sich dazu keine Alternative zeigt, wird die Dynamik menschlichen Strebens, die im Letzten auf Transzendenz zielt, auf endliche, begrenzte Güter zurückgebogen. Demgegenüber werfen selbst Nichtglaubende heute unverblümt die Frage nach einem umfassenderen Sinn auf; der soeben zitierte Luc Ferry ist nur ein Beispiel dafür. Dabei geht er sogar so weit, ausweichende und vorletzte Antworten auf die Sinnfrage mit der Situation der Beerdigung und der Verlegenheit vor dem offenen Grab zu konfrontieren.[4] Es ist heute wieder möglich, in dieser Weise letzte Lebensfragen zu stellen.

---

3   Luc Ferry, Von der Göttlichkeit des Menschen. Oder: Der Sinn des Lebens. Wien 1997, 19.

Wir sollten uns in Pflicht genommen wissen, das Evangelium auf diesem Niveau ins Gespräch zu bringen (s. u. III.2.). Menschen suchen heute, was ihr Leben erfüllen kann. Zwar umgehen sie oftmals die letzten Sinnfragen, weil es wehtut, sich ihnen zu stellen, solange man damit ins Leere läuft. Aber wenn unsere Pfarreien Räume eröffnen, in denen das zur Sprache kommen kann, was die menschliche Existenz in ihrem Innersten betrifft, dann werden Menschen froh sein, ihre Vermeidungsstrategien aufgeben zu können und ihrer Sehnsucht nach umfassendem Sinn trauen und folgen zu dürfen.

2. Individualisierung und die Not der Identitätsfindung

Eine zweite Facette heutiger Lebenswelt, die eine ähnlich ambivalente Suchbewegung erkennen lässt, ist die so genannte Individualisierung. Der Begriff steht in der soziologischen Analyse der Gesellschaft für die grössere Freiheit, in der Menschen heute ihr Leben je individuell gestalten können, ja gestalten müssen. Dieses Phänomen muss differenziert angeschaut werden. Im kirchlichen Bereich werden oftmals eher kritisch negative Erscheinungsformen dieser Lebenseinstellung vermerkt: etwa ein Hang zum Individualismus, der rücksichtslos die eigenen Lebensziele zu verwirklichen sucht, oder eine Tendenz zur Bindungslosigkeit.

Eine pauschale Verurteilung verbietet sich jedoch aus zwei Gründen. Zum einen ist die Individualisierung nicht kurzschlüssig gleichzusetzen mit Individualismus; sie ist als solche selbst nicht negativ zu bewerten. Ist nicht die Herausforderung, je individuell den eigenen Le-

---

4   «Es ist eine unumstössliche Tatsache, dass die Psychologie die Theologie entthront hat. Und trotzdem überfällt die Menschen am Tag des Begräbnisses beim Anblick des geöffneten Grabes und des Sarges Verlegenheit. Was kann man der Mutter sagen, die ihre Tochter verloren hat, was dem verzweifelten Vater? Mit einem Mal sind wir ganz rückhaltlos mit der Frage nach dem Sinn oder vielmehr mit ihrem Verschwinden in der laizistischen Welt konfrontiert» (ebd. 10).

bensweg zu suchen, der christlichen Überzeugung verwandt, dass Gott jeden Menschen auf je persönliche Weise ruft und führt? Zum anderen hilft es rein pragmatisch gesehen nicht, das Phänomen der Individualisierung zu verurteilen, weil ihr durch ein solches Urteil nicht zu entkommen ist: Sie ist unausweichlich. Es gibt unzählige Wahlmöglichkeiten, doch eines steht heute paradoxerweise nicht zur Wahl: an diesem Prozess der Individualisierung teilzunehmen oder nicht. In Anlehnung an Sartre ist formuliert worden: «Die Menschen sind zur Individualisierung verdammt.»[5] Das gilt im Übrigen nicht nur für «die Menschen» (die *anderen* Menschen), sondern für uns alle.

In dieser Situation verdichten sich die Anzeichen, dass Menschen mit dem Anspruch, ihre Biografie weit gehend selbst zu gestalten, überfordert sind. Und so läuft ihre Lebens«wahl» vielfach darauf hinaus, sich jeweils «chamäleonartig» in verschiedenen Lebensausschnitten an die Gegebenheiten anzupassen, ohne Rücksicht darauf, ob ihr Leben dabei stimmig bleibt. Die Wahlbiografie wird dann zur Bastelbiografie, die allzu oft in einer Bruchbiografie endet.[6] Statt mit innerer Konsequenz den gewählten Lebensweg zu gehen, verliert man sich an das, was jeweils Befriedigung verspricht; statt aus Eigenem zu leben und der inneren Stimme zu folgen, wird gehascht nach Aufmerksamkeit, nach Anerkennung. Die einen finden solche Anerkennung durch flexible, rückgratlose Anpassung an das je Erwartete, die anderen durch fundamentalistische Totalidentifikation mit einer bestimmten Gruppe – eine persönliche Identität lässt sich weder auf die eine noch auf die andere Weise gewinnen.

Hier liegt die eigentliche Herausforderung der Individualisierung: Viele Menschen spüren sehr gut, dass sie, wenn sie angesichts der vielen

5   Ulrich Beck; Elisabeth Beck-Gernsheim, Individualisierung in modernen Gesellschaften – Perspektiven und Kontroversen einer subjektorientierten Soziologie. In: dies. (Hrsg.), Riskante Freiheiten. Individualisierung in modernen Gesellschaften. Frankfurt/M. 1994 (edition suhrkamp 1816) 10–39, 14.
6   Ebd. 13.

Möglichkeiten mit sich identisch bleiben wollen, ihr Leben aus einer eigenen Mitte heraus gestalten müssen. Für das Gelingen der Wahlbiografie ist eine *gefestigte Identität* vorausgesetzt, ohne dass für eine solche zuvor hinreichend gesorgt wäre.[7] Diese Not der Identitätsfindung dürfte zumindest eine Wurzel sein für die überraschenden religiösen Suchbewegungen unserer Tage. Wer bin ich eigentlich? Welches Ziel hat mein Leben? – Das sind Heilsfragen ersten Ranges geworden.

Wir stehen da in einem Umbruch, den ein Vergleich verdeutlichen kann. In den vergangenen Jahrzehnten ist vielen neu aufgegangen, dass man mit der Schöpfung nicht ausbeuterisch umgehen darf. Die Sensibilität für die Unverfügbarkeit der Schöpfung ist gewachsen. Vielleicht wird in den kommenden Jahren eine vergleichbare Einsicht im Bereich des je persönlichen Lebensentwurfes wachsen. Auch der eigenen Lebensgeschichte gegenüber gilt es ehrfürchtig zu sein; es gilt, sie verantwortlich zu gestalten, wenn sie gelingen soll. Wer ausbeuterisch mit seiner Lebenszeit umgeht, nur getrieben von der Sucht, alles herauszuholen, dem stirbt das Leben ab.

In der Diagnose sind sich heute wiederum viele einig, Soziologen und Psychologen, Nichtglaubende und Glaubende: In der gegenwärtigen Phase der Individualisierung steht mit der Frage nach der Identität das Menschsein des Menschen auf dem Spiel. Deswegen dürfen wir Christen in einer Zeit, die mehr und mehr verzweifelt nach Sinn und Orientierung fragt, nicht verschämt das Potenzial an Identitätsstiftung, welches unser Glaube birgt, zurückhalten (s. u. III.3.). Es ist nicht Frömmelei zu bekennen, dass die Beziehung zu dem Gott, der uns zugleich bedingungslos annimmt und in unbedingter Weise in Anspruch nimmt, unserem Leben eine Mitte gibt. Menschen, die an der bindungslosen Freiheit scheitern, sind wir das Zeugnis schuldig von dem

---

7 Vgl. Franz-Xaver Kaufmann, Wie überlebt das Christentum? Freiburg i. Br. 2000 (Herder spektrum 4830) 119–124.

Bundesgott, der eine Bindung – seinen Bund – so mit uns knüpft, dass uns dies königliche Freiheit verleiht. Und wenn unsere Pfarreien Lebensräume des Glaubens sind, in denen nicht nur ein «religiöser Ausschnitt» des Lebens, sondern das ganze Leben – Familie, Beruf und Beziehungen, Erfolg und Scheitern … – vorkommen darf, dann werden Menschen diese Ganzheitlichkeit zu schätzen wissen. Kinder und Jugendliche, und seien sie vorerst auch nur gelegentlich zu Gast bei uns, wird es nicht unberührt lassen, wenn sie Menschen begegnen, die mit Rückgrat und Konsequenz durchs Leben gehen.

Fazit: Es ist heute immer noch oder wieder möglich, die Frage nach einem letzten Sinn zu stellen, es gibt religiöse Bedürfnisse, ja es gibt sogar eine grosse Not in Sachen Sinn, Identitätsfindung und Gelingen des Lebens. Unsere Welt ist solchen Fragen gegenüber nicht so verschlossen, wie wir manchmal meinen. Das darf uns ermutigen.

Zugleich sollte deutlich geworden sein, dass wir diese Einsicht nicht einfach nur mit Genugtuung zur Kenntnis nehmen dürfen. Es steht uns nicht frei zu überlegen, ob wir diese Chance ergreifen oder nicht. Denn mit ihr verbunden ist eine menschliche Not, die Not der Sinn- und Identitätsfindung, die uns in Pflicht nimmt. Zum diakonischen Auftrag der Kirche gehört das Eingehen auf diese Not entscheidend dazu!

II. Die Herausforderung

1. Das Niveau nicht unterbieten

Nun könnte man einwenden, das sei ja gut und schön, nur habe diese Offenheit des Menschen für die Sinnfrage und für die Frage nach dem Gelingen des Lebens doch offenkundig nicht zur Folge, dass die kirchliche Verkündigung wieder mehr Anklang findet.

49

Einmal abgesehen davon, dass es durchaus Menschen gibt, die sich wieder neu den Kirchen zuwenden und sich vom Evangelium ansprechen lassen: Die Feststellung, dass dies nicht im grossen Stil geschieht, lässt noch offen, was man daraus zu folgern hat. Manche meinen, dass sich die Menschen im Zeitalter des Pluralismus eben einer letzten Wahrheit verschliessen und aus diesem Grund das christliche Bekenntnis ablehnen. Die unbedingte existenzielle Herausforderung werde in einer nur sehr vagen religiösen Praxis gemieden. So gesehen läge die Verantwortung für die Schwierigkeit, die wir mit der Glaubensverkündigung haben, einseitig bei der oberflächlichen Mentalität unserer Zeit. Doch ist diese Deutung nicht ein bisschen zu bequem? Wir sollten uns die Sache nicht zu einfach machen. Unübersehbar interessieren sich Menschen für religiöse Angebote und das oftmals in einer grossen Ernsthaftigkeit. Es muss uns ein Stachel sein, wenn so wenige auf die christliche Botschaft zurückkommen. Ist vielleicht der Anspruch vieler Menschen *höher* als das, was von uns Christen angeboten wird?

Nicht nur Jugendliche fragen: «Was bringt mir das?» Und entsprechend: «Was bringt mir der Glaube?» Wir hören die Frage nicht gern, sie klingt uns zu oberflächlich. Hören wir sie vielleicht manchmal auch deswegen nicht gern, weil es uns schwer fällt zu benennen, was eigentlich der christliche Glaube bringt? Der Glaube will aber doch tatsächlich etwas bringen – der theologische Grundbegriff dafür lautet «Gnade» –, und unser Zeugnis muss glaubwürdig davon sprechen, wie solche Gnade tatsächlich unser Leben verwandelt. Dies bedeutet nicht, den Glauben an der Nützlichkeit zu messen und um seiner Nützlichkeit willen anzunehmen und anzupreisen. Glauben heisst Leben in der Beziehung zu Gott, die offenkundig nicht als Mittel zum Zweck – weil sie etwas bringt – eingegangen wird. Sehr wohl ist aber von ihr zu bekennen, wie beglückend sie Hoffnung und Freude zu stiften vermag.

Es ist ein Kennzeichen der neueren Religiosität, dass Menschen darin eine Lebenskunst zu finden hoffen.[8] Menschen erwarten zu Recht von der Religion Lebenswissen, ein Wissen, das Leben gelingen lässt. Sie suchen nach Weisheit, die im Alltag trägt. Ist uns diese weisheitliche Dimension des Glaubens zu sehr abhanden gekommen? Nicht das christliche Bekenntnis mit seinem Wahrheitsanspruch als solches scheint mir das Hindernis zu sein, das Menschen auf Distanz gehen oder bleiben lässt. Problematisch ist aber, dass Menschen den Eindruck gewinnen, wir hätten ein Bekenntnis, das nur äusserlich bleibt und uns Christen nicht wirklich prägt. Sätze ohne lebensprägende Kraft, Worthülsen, die nicht bedeutungsvoll sind, finden verständlicherweise und berechtigterweise kein Echo.

So müssen wir uns fragen lassen, ob wir aus unserem Bekenntnis Lebenskunst schöpfen. Leben wir aus unserem Bekenntnis? Oder noch dichter formuliert: Leben wir unser Bekenntnis? Wird die Wahrheit unseres Glaubens zu einer gelebten Wahrheit, zu der etwa ein Lebensstil gehört?

In diese Richtung weist auch eine neuere Studie des Instituts für Sozialethik des Schweizerischen Evangelischen Kirchenbundes zur Religiosität von Menschen heute. Religion, so heisst es dort, sei heute attraktiv im Sinne von Spiritualität, verstanden als «Religion aus erster

---

8 «Die aktuelle Nachfrage nach Religion äussert sich vor allem in der Suche nach einem ‹Lebenswissen›, nach einer neuen ‹Lebenskunst›, welche die Grundkonflikte und Reifungskrisen des Menschen kreativ zu bewältigen hilft, seine Lebenspraxis sinnhaft strukturieren kann und die Möglichkeiten zur Vergewisserung der eigenen Identität gibt. Vom Religiösen erwartet man Auskunft auf die Frage, was es mit dem Leben eigentlich auf sich hat, worauf man es gründen kann, um Stand und Stehvermögen im Dasein zu gewinnen. Im Religiösen erhofft man Gegenmittel für den Utopieverlust, die Phantasielosigkeit und Monotonie des modernen ‹business as usual›. Religiöse Traditionen stehen für die kritische Erinnerung an das, was inmitten aller Selbstzufriedenheit mit dem Erreichten und allem Sichabfinden mit dem Verlorenen geltend macht, dass solche Einstellungen Verdrängungen und Verkümmerungen der Suche nach dem eigentlichen Leben sind» (Hans-Joachim Höhn, Zerstreuungen. Religion zwischen Sinnsuche und Erlebnismarkt. Düsseldorf 1998, 21).

Hand»[9]. Menschen suchen Religion, die nicht nur von aussen angenommen und angelernt ist, die nicht nur nachgeredet wird, sondern durch das eigene Leben gedeckt und von innen her vollziehbar ist. Der christliche Glaube steht ihnen im Verdacht, zu sehr nur vorgegeben, äusserlich übernommen zu sein: Religion aus zweiter Hand! Gewiss gehört zum Christsein von seinem Wesen her das Gründen in einer Vorgabe und das Sich-Empfangen in der Gemeinschaft der Glaubenden. Menschen dürfen aber von uns erwarten, dass wir ihnen dieses Sich-Empfangen des Glaubens als bedeutungsvoll zu erschliessen vermögen. Denn der christliche Glaube ist Religion aus erster (nur meiner eigenen) Hand deswegen nicht, weil es um Religion aus der Begegnung mit dem Gott geht, der uns mit seiner ausgestreckten Hand entgegenkommt. Aufgrund dieser Vor-Gabe können wir leben aus dem, was wir uns selbst nicht geben können, was uns aber schon gegeben ist: aus dem Ja-Wort Gottes zu den Menschen vor aller eigenen Suche und Leistung. Und Menschen dürfen dann von uns erwarten, dass wir erkennen lassen, wie aus diesem Glauben in der Begegnung mit Gott und aus der Vorgabe der Selbstzusage Gottes «Religion aus erster Hand» werden kann: Religion, die durch mich selbst hindurchgegangen ist, die sich mit mir und meinem Leben verbunden hat.

Kurzum, mir scheint, wir dürften die Frage, warum Menschen nicht gerade in unsere Kirchen strömen, nicht in bequemer Trägheit so beantworten, dass wir den Grund dafür allein bei ihnen suchen; wir sollten uns selbst fragen, ob wir als Einzelne – Seelsorger und «normale» Christen – und ob wir als Kirche, als Pfarreien den Menschen dadurch etwas schuldig bleiben, dass wir den Glauben nicht genügend als existenziell bedeutungsvoll erschliessen. Die Chance des Evangeliums in unserer Zeit hängt auf unserer Seite auch davon ab, dass wir das Niveau nicht unterbieten, auf dem Menschen heute auf der Suche sind.

9   Roland J. Campiche, Religion: Herausforderung für die Kirchen? Bern 2001 (Studien und Berichte 57) 16.

2. Gastfreundschaft praktizieren

Menschen sind heute nicht mehr selbstverständlich Christinnen und
Christen. Je mehr sie – ohne christliche Sozialisation, ohne christliche
Vorgeschichte – von aussen kommen, desto mehr begegnen sie uns als
Menschen, die sehr kritisch hinschauen und nachfragen. Und das ist
gut so! Wir Menschen sind verantwortlich für unsere Überzeugungen,
für die Redlichkeit auch unserer religiösen Ausrichtung. Wir sollten es
begrüssen, wenn Menschen religiöse Einstellungen nicht unbesehen
übernehmen, wenn sie hohe Erwartungen mitbringen und sich nicht
mit weniger zufrieden stellen lassen.
Um diesem Anspruch gerecht zu werden, bedarf es in unseren Pfarrei-
en einer gepflegten Kultur der Gastfreundschaft. Wenn Menschen aus
ganz anderen Kontexten und mit anderen Lebenseinstellungen, mit
ihren Fragen, mit *ihren* Zweifeln und Hoffnungen kommen, müssen
sie auf Respekt stossen, statt skeptisch und ein wenig abfällig beäugt
zu werden, weil sie nicht so sind, wie «man» in der Pfarrei ist. Spüren
sie unterschwellig den Vorwurf, warum sie nicht «fertige Christen»
nach unserem Geschmack sind, ziehen sie sich verständlicherweise
sehr schnell wieder zurück. Nein, sie müssen erfahren, dass sie willkommen sind; und sie dürfen von uns erwarten, dass wir bereit sind,
uns auf ernsthafte Auseinandersetzungen einzulassen. Gäste sind solche Menschen nicht in dem Sinne, dass sie sich uns als Gastgebenden
fügen müssten; Gäste sind sie, weil sie vom Geist zu uns geführt und
uns anvertraut werden, damit wir ihnen von der Freude mitteilen,
Hausgenossen Gottes (Eph 2,19) zu sein.
Solche Gastfreundschaft ist gar nicht so selbstverständlich, weil sie hohe Anforderungen an uns stellt. Menschen, die von aussen kommen,
werden bisweilen unbequem sein, weil sie recht schonungslos auch
unsere Schwachstellen entblössen. Es ist für uns eine Nagelprobe, ob

wir fähig sind, derart Rede und Antwort zu stehen, wenn wir gefragt werden, was wir da eigentlich leben. Christen und Christinnen, die erwachsene Katechumenen zur Taufe begleiten, wissen davon zu berichten. Gewiss, die Wahrheit des Glaubens hängt nicht davon ab, ob wir diese Wahrheit leben. Doch um diese Wahrheit glaubwürdig zu bezeugen, müssen Leben und Zeugnis zusammengehen. Das Zeugnis bezeugt eine Wahrheit, die grösser ist als das eigene Leben; doch wäre ein Zeugnis kein solches, wenn es nicht zugleich bekennen würde, selbst von dem Bezeugten getroffen zu sein. Das authentische Zeugnis geht aus dem Glauben hervor, der zum geistlichen Lebensreichtum geworden ist.

III. Aus eigenem Lebensreichtum weitergeben

«Aus eigenem Lebensreichtum weitergeben», diese Formulierung lehnt sich an eine Aussage des Erfurter Bischofs Joachim Wanke an, der im Zusammenhang mit Überlegungen zum «Missionarisch Kirche sein» das – in manchen Ohren anstössige – Wort Mission neu erschliesst: «‹Mission› heisst für mich schlicht: Das weitersagen, was für mich selbst geistlicher Lebensreichtum geworden ist.»[10] Ich möchte diese Formulierung als Schlüssel für einige weitere Überlegungen zur Pastoral von heute und morgen wählen.

1. Den Glauben selbst als Schatz entdecken

Pastoral hat in unserer Zeit die Botschaft des Evangeliums vernehmlich anzusagen durch ein glaubwürdiges Zeugnis von dem, was uns selbst geistlicher Lebensreichtum geworden ist. Den Seelsorgern und Seelsorgerinnen sei dies zunächst eine entlastende Botschaft. Denn

---

10 Wanke schreibt dies in einem lesenswerten Brief, der dem Dokument der deutschen Bischöfe «Zeit zur Aussaat» beigefügt wurde: a. a. O., 35–42, hier 37. In diesem Buch S. 108.

wenn hier ein Schlüssel für die Zukunft der Pfarrseelsorge liegt, dann ist nicht verlangt, noch mehr Aktivitäten zu entfalten (sodass die Priester, Pastoralassistenten und Pastoralassistentinnen noch mehr be- oder überlastet würden). Entscheidend ist, wie wir selbst zu unserem Glauben stehen, wie wir aus ihm leben. Und das heisst auch für hauptamtliche Seelsorger und Seelsorgerinnen, dass sie nicht noch eine Anforderung mehr schlucken müssen. Zuallererst dürfen sie sich Zeit nehmen für ihren eigenen Glauben, für ihr eigenes Leben aus dem Glauben, für ihr Leben in der Beziehung zu Gott.

Dies allerdings ist zugleich auch dringend notwendig. Ein glaubwürdiges Zeugnis setzt voraus, dass das Evangelium auch wirklich eigener Lebensreichtum geworden ist; es setzt voraus, selbst mit allen Fasern des eigenen Lebens den Glauben als Antwort auf die eigenen tiefsten Sehnsüchte zu ergreifen. Ich wähle an dieser Stelle bewusst den Begriff «Antwort». Wir sind vorsichtig geworden mit dem Anspruch, dass unser Glaube eine Antwort auf Lebensfragen bieten könnte – derartige Äusserungen klingen so triumphalistisch. Wir sind wohl auch mit Recht vorsichtig damit, weil der Glaube uns nicht den Gefallen tut, für all unsere Probleme sogleich eine Lösung vorzulegen.[11] Zudem ist die Antwort, um die es geht, nicht eine Formel, die man auswendig lernen und rezitieren könnte.

Und doch geht es im Glauben auch um das Finden, um ein Ankommen bei der Gewissheit, einen Schatz gefunden zu haben. Das Zeugnis davon ist uns aufgetragen, gerade in einer Zeit, in der wieder viel von menschlichen und auch von religiösen Sehnsüchten die Rede ist. Es wird ihnen nachgespürt in der Literatur, in moderner Poesie, wo es in der Tat eindrucksvolle Versprachlichungen gibt.[12] Doch manchmal

---

11 «Gott klingt wie eine Antwort, und das ist das Verderbliche an diesem Wort, das so oft als Antwort gebraucht wird. Er hätte einen Namen haben müssen, der wie eine Frage klingt»: Cees Nooteboom, Rituale. Roman. Frankfurt/M. 1998, 68 f.

12 Vgl. z. B. Georg Langenhorst, Wenn die Poeten beten … Schriftsteller als Sprachlehrer der Gottesbeziehung? In: GuL 74 (2001) 27–42.

scheint es, als seien diese Sehnsüchte auch für christliche Augen faszinierender als die Botschaft von ihrer Erfüllung. Jedenfalls finden wir keine Sprache, davon ebenso faszinierend zu künden. Die Sprache früherer Zeiten ist uns weithin fremd geworden. Das ist auch normal, und es trägt nicht weit, in der Verkündigung verbissen an Sprachmitteln festhalten zu wollen, die nicht mehr sprechend sind. Aber wir müssten doch neue Sprachgewänder finden! Die Sprachlosigkeit in Sachen des Glaubens – nicht zuletzt bei professionellen Seelsorgern und Theologen – wird vielfach beklagt;[13] und an vielen Stellen wird der Ruf nach einer neuen, unverbrauchten Sprache für die Rede von Gott laut. Bevor wir aber anfangen, nach möglichst originellen Vokabeln zu forschen, sollten wir innehalten und nach der eigentlichen Wurzel solcher Sprachlosigkeit fragen. Gründet sie nicht auch in der vorausgehenden Erfahrungslosigkeit? Fehlen uns die Erfahrungen, die ein gläubiges Leben ausmachen und die sich den Weg zur Sprache bahnen würden? Ich meine damit nicht so sehr Gotteserfahrungen, auf die sich manche vielleicht sogar vorschnell berufen; ich meine Glaubenserfahrungen: sehr alltägliche Erfahrungen damit, was es für das eigene Leben bedeutet, sich auf Gott einzulassen; Erfahrungen, im Ruf Gottes sich selbst und die Mitmenschen und in der Nachfolge Jesu den Sinn des Lebens zu entdecken. Es geht dabei nicht darum, angestrengt erlöst auszusehen. Auch wir Christen und Christinnen sind noch nicht angekommen, wir stehen nicht über den Nöten und Schwierigkeiten des Lebens und nicht über den Ängsten unserer Zeit. Aber wenn wir anderen Menschen glaubwürdig das Evangelium verkünden wollen,

---

13 So in einem Band zum Jubiläum des Berufs der Pastoralreferenten im Bistum Limburg. Zum pastoralen Dienst gehöre, so heisst es dort, «die eigene Glaubensüberzeugung und vor allem die Fähigkeit, authentisch und nicht formelhaft über diese zu sprechen, unverzichtbar dazu ... So ist in allen Seelsorgsberufen festzustellen, dass die gesellschaftliche Sprachlosigkeit in Glaubensdingen auch den geweihten und ungeweihten Hauptamtlichen nicht unbekannt ist, gerade wenn es um das persönliche Zeugnis geht»: Clemens Olbrich (Hrsg.); Ralf M.W. Stammberger (Hrsg.), Und sie bewegen sie doch. PastoralreferentInnen – unverzichtbar für die Kirche. Freiburg i. Br. 2000, 33.

dann gilt es, zuerst selbst entschieden darin den Ausgangspunkt des eigenen Lebens zu nehmen, vertrauend, dass es keinen besseren gibt. Menschen müssten an uns eine lebendige Gewissheit spüren, dass wir die Sehnsüchte, die wir mit ihnen teilen, in einer christlichen Lebensgeschichte gut aufgehoben wissen.

2. Lebensgrund, nicht Verzierung

Was dies bedeutet, kann im Blick auf zwei früher bereits angesprochene Themen – Sinnfrage und Individualisierung – erhellt werden.

Der reformierte Heidelberger Katechismus beginnt mit einer eindrücklichen Frage: «Was ist dein einziger Trost im Leben und im Sterben?» Damit ist das Niveau gekennzeichnet, auf dem das Evangelium Lebensreichtum sein will. Wir sind Christen und Christinnen nicht, weil uns das als religiöse Verzierung unseres Lebens gefällt oder zugefallen ist, sondern weil im Evangelium zu finden ist, was im Leben ebenso wie im Angesicht des Todes tragfähig ist. Auf diesem Niveau will das Evangelium auch verkündet werden.

Das hat die Kirche immer getan als die Instanz, die sich auch der verdrängten Randzonen des Lebens annimmt. Möglicherweise wird aber dieser Dienst noch stärker wieder in die Mitte kirchlicher Verkündigung rücken müssen. In den letzten Jahrzehnten ist zuweilen die Mahnung Dietrich Bonhoeffers, von Gott nicht an den Grenzen, sondern in der Mitte des Lebens zu sprechen,[14] sehr verinnerlicht worden. Es wäre auch in der Tat ungut, Menschen möglichst brutal mit ihren Grenzen zu konfrontieren, um besser den «Ausweg» des Glaubens anpreisen zu können. Menschen sozusagen in die Sinnfalle tappen zu lassen, ihnen einen Mangel anzudemonstrieren, um sich dann als Defizitbeseitiger anzubieten, das wäre eine höchst suspekte Strategie.

---

14 Vgl. Dietrich Bonhoeffer, Widerstand und Ergebung. Briefe und Aufzeichnungen aus der Haft. Gütersloh 1985 (Gütersloher Taschenbücher Siebenstern 1), 156 (Eintrag vom 25. 5. 1944).

Doch inzwischen werden die Grenzen wieder sehr viel mehr in der Mitte des Lebens wahrnehmbar. Die Sinnfrage, so sahen wir, bricht heute radikal auf, und vielfach scheut sie auch nicht die Konfrontation mit Extremsituationen, mit der Frage nach dem Sinn des Lebens angesichts des Todes. Wir Menschen können uns mit Krankheit und Tod, mit Schuld und Verzweiflung nicht abfinden. Das, worauf man sein Leben baut, muss demgegenüber standhalten können.

Christen trauen dem Gott, der die Ausgänge des Todes in der Hand hält (Ps 68,21), dem Gott, der die Toten auferweckt und das, was nicht ist, ins Dasein ruft (Röm 4,17). Damit das Evangelium von *diesem* Gott in unserer Zeit eine Chance hat, muss es uns selbst zum Lebensreichtum werden, indem es lebens*prägend* wird. An der Lebenspraxis unseres Alltags zeigt sich, ob wir selbst wirklich auf diesen Gott setzen. Damit sind wir als Einzelne und als Pfarreien gefragt: Unsere Lebensweise und unser gesellschaftliches Engagement müssen erkennen lassen, dass wir uns Grenzerfahrungen ohne auszuweichen stellen, weil wir einer Verheissung trauen, die uns im Angesicht solcher Bedrohung Erfüllung unserer tiefsten Sehnsüchte zusagt. Es ist zu spät, den Glauben an den Gott, der unsere menschlichen Sackgassen sprengt, erst an den Grenzen zu aktivieren. Unser Dienst an den Menschen besteht nicht nur in tröstenden Worten am Krankenbett und am Grab – Dienst an den Menschen ist eine Gemeinschaft von Christen, die in der Mitte des Lebens anders leben, ohne die dauernde Angst, etwas zu verpassen und zu kurz zu kommen, Christen, die in der Mitte des Lebens den Tod in seinen verschiedenen Formen (Vergeblichkeit, Lebenskrisen, Scheitern ...) zulassen können, weil sie ihn schon überwunden wissen und darum anders leben können. Gerade so wäre unser Glaube an Auferstehung nicht nur ein Lippenbekenntnis, sondern Lebensweisheit. Lebensreichtum ist der Glaube nicht als barocke Verzierung, sondern als tragender Grund, indem er ernst macht mit dem Vertrauen auf

Gott, auch dort, wo es sehr radikal heisst, Selbstsicherheit aus eigenem Vermögen loszulassen und Wege zu gehen, die nach irdischem Ermessen nur ein Verlustgeschäft sein können.

3. Das Evangelium als je persönliche Lebensgeschichte

Lebensreichtum ist somit der Glaube, in den das *ganze* eigene Leben eingebracht ist. Damit der Glaube zum Lebensreichtum wird, genügt es nicht, den Bekenntnistext zu unterschreiben. Was uns im Glauben geschenkt ist, muss angeeignet werden, muss durchbuchstabiert werden durch das ganz persönliche Leben hindurch. Lebensreichtum ist das Evangelium dann geworden, wenn es unter die Haut gegangen ist, wenn es mehr und mehr mit der eigenen Lebensgeschichte verwoben ist, ja wenn es zur je persönlichen Lebensgeschichte geworden ist.

Und auch das zeigt eine Richtung für die Pfarrseelsorge an. In einer Zeit der Individualisierung ist von ihr ein Beitrag zur Menschwerdung und zur Christwerdung verlangt. Kirche tut nicht gut daran, sich einseitig als Korrektiv zur Individuallsierung zu vorstehen als blosser Ruf in die Gemeinschaft, weil die Gesellschaft so verwerflich individualistisch ist. Das wäre falsch verstandene Communio! Die Pfarrseelsorge der Zukunft muss für eine Gemeinschaft sorgen, in der die Einzelnen je mehr sie selbst (und gerade so beziehungsfähig und gemeinschaftsfähig) werden. Das erste Ziel der Pastoral ist nicht, Menschen an pfarreiliche Aktivitäten zu binden, sondern ihnen zu helfen, ihr Leben aus einer christlichen Identität heraus zu gestalten.

Eine solche christliche Identität ist indes nicht als Schablone zu haben, sondern nur als Frucht eines sehr persönlichen Suchens. Christen und Christinnen sind nicht diejenigen, die der Wahlbiografie, der je persönlichen Gestaltung ihres Lebens entgehen, weil sie in ihrer kirchlichen Bindung eine Vorgabe übernehmen, die sie davon dispensiert.

Im Gegenteil, Christen müssten verwirklichen, was Individualisierung auch heissen könnte: Leben aus einer Identität, die es erlaubt, in grosser Freiheit und auf sehr persönliche Weise den eigenen Weg zu suchen. Christen leben aus dem Glauben, dass sie Originale sind, weil sie Gott unverwechselbar gewollt hat und annimmt und weil er sie in unverwechselbarer Weise ruft. Die Pfarrseelsorge der Zukunft muss darum anspruchsvoll sein und Menschen diese je persönlichen Wege zutrauen, und sie muss zugleich weitherzig sein und ehrfurchtsvoll gegenüber der Vielfalt menschlicher Lebenswege.

Wenn Pfarreien Orte sind, wo das Evangelium von Menschen je persönlich und gemeinsam übernommen wird – wo es als Lebensreichtum «anschaubar» wird –, dann werden Menschen bei uns im Lebensraum des Evangeliums gern zu Gast sein, und sie werden in einem tiefen Sinn das Evangelium als ihre eigene Chance und als ihren eigenen Lebensreichtum entdecken können.

Die deutschen Bischöfe
«Zeit zur Aussaat»
Missionarisch Kirche sein[1]

26. November 2000

Herausgeber:
Sekretariat der Deutschen Bischofskonferenz
Kaiserstrasse 163, D-53113 Bonn

---

1   Nachdruck mit freundlicher Genehmigung der Deutschen Bischofskonferenz.

Zum Geleit

Ein Grundwort kirchlichen Lebens kehrt zurück: Mission. Lange Zeit verdrängt, vielleicht sogar verdächtigt, oftmals verschwiegen, gewinnt es neu an Bedeutung. In vielfachen Wortverknüpfungen zeigt es sich im pastoralen und theologischen Gespräch, so z. B.: Mission und Evangelisierung, missionarische Pastoral und missionarische Verkündigung, das missionarische Zeugnis der Kirche.

Dem hier vorliegenden Text ist das Leitwort «Zeit zur Aussaat. Missionarisch Kirche sein» beigegeben worden. 25 Jahre nach dem Schreiben von Papst Paul VI. «Evangelii Nuntiandi», das in seiner Aktualität kaum etwas eingebüsst hat, entdecken die Christen in unserem Land neu, wie grundlegend dieser nachkonziliare Text für das Leben der Kirche ist. Zum Zeugnis des Lebens muss das Wort des Lebens hinzukommen. Bereits das Zweite Vatikanische Konzil hat im Dekret über das Apostolat der Laien auf diesen Zusammenhang hingewiesen. Es macht darauf aufmerksam, dass «nicht nur im Zeugnis des Lebens», sondern gleichermassen auch im Zeugnis des Wortes das Apostolat seine Kraft entfaltet (vgl. Artikel 6).

Grosse Texte brauchen ihre Zeit. Wenn nicht alles täuscht, drängen die vom Konzil formulierten Gedanken immer noch und immer wieder anfragend und richtunggebend in die pastoraltheologischen Überlegungen unseres Landes ein. Der Impuls, den das nachkonziliare Schreiben «Evangelii Nuntiandi» gegeben hat, wird aufgenommen und praktiziert.

Drei Beobachtungen drängen sich auf:
1. Missionarisch Kirche sein heisst immer auch, Bereitschaft zum missionarischen Zeugnis einzubringen. Dies gilt für jeden, der getauft und gefirmt ist, und es gilt an allen Orten, an denen Frauen und Männer als Christen leben. Wie das gemeinsame Priestertum

der Getauften alle zum Aufbau der kirchlichen Gemeinschaft befähigt (Communio), so sind auch alle in die Sendung (Missio) und damit zum missionarischen Zeugnis gerufen. Dazu gibt der hier vorliegende Text viele Hinweise und Anregungen und will helfen, die Auskunftsfähigkeit über das, was unsere Hoffnung trägt, zu stärken (vgl. 1 Petr 3,15).

2. Zum missionarischen Kirchesein gehört ganz sicher der Mut zum eigenen, unverwechselbaren Profil. Christliches Leben gewinnt darin eine befreiende Kraft, die es befähigt zur Solidarität. Ohne ein Minimum an Bereitschaft, widerständig und anders zu sein gegen übliche Plausibilitäten, kann es schwerlich christlichen Glauben geben. Ein unverwechselbares Profil des Christseins führt auch immer zu den Fragen, die das Zeugnis des Wortes provozieren.

3. Missionarisch Kirche sein bedeutet nicht, eine zusätzliche kirchliche Aktivität zu entfalten. Communio und Missio, Gemeinschaft und Sendung, sind immer die zwei Seiten ein und derselben Medaille. Alle kirchlichen Aktivitäten sind vor dem Hintergrund der missionarischen Dimension der Kirche zu verstehen und daraufhin zu stärken. Dies gilt für die Gemeinden wie für die Verbände, es gilt für die geistlichen Bewegungen und Gemeinschaften. Diesen Prozess will der vorliegende Text unterstützen.

Neu ist sicher, dass dem Wort der Bischöfe der Brief «Brief eines Bischofs aus den neuen Bundesländern über den Missionsauftrag der Kirche für Deutschland»[2] beigefügt ist. Der Bischof von Erfurt, Joachim Wanke, ist Vorsitzender der Pastoralkommission der Deutschen Bischofskonferenz und ermutigt aus einer ganz besonderen Erfahrung Christen hierzulande, ihre Berufung zum missionarischen Kirchesein und zum missionarischen Zeugnis anzunehmen. Was in den neuen

2 In diesem Buch S. 105–114.

Bundesländern heute Realität ist, Christsein als Minderheit, wird morgen auch die kirchliche Realität in den anderen Regionen unseres Landes beeinflussen. Eine nüchterne Analyse und den Mut, voraussehbare Entwicklungen anzuschauen, dazu ermutigt der Text «Zeit zur Aussaat. Missionarisch Kirche sein». Er möchte einen Beitrag leisten zur Überwindung resignativer Strömungen und erlebter Mutlosigkeit vor der Grösse der Herausforderungen. Ich danke der Pastoralkommission und besonders ihrem Vorsitzenden, Bischof Joachim Wanke, für die Vorlage dieser Ausarbeitung, die die Deutsche Bischofskonferenz sich gerne zu Eigen gemacht hat. Sie füllt eine wichtige Lücke. So hoffe ich, dass sie überall auf ein gutes Echo stösst.

Bonn/Mainz, 26. November 2000, Christkönigsfest

Bischof Karl Lehmann
Vorsitzender der Deutschen Bischofskonferenz

I. Die Welt, in der wir leben

Wir leben in einer spannungsgeladenen Zeit, die voller Widersprüche ist. Technik, Medizin und Wirtschaft lassen uns etwas von den Möglichkeiten wahrnehmen, die sich heute den Menschen auftun. Die realistische Sicht auf unsere Erde zeigt aber auch die Zerrissenheit und die Kriege der Völker, ihr Elend und ihren Hunger. Auch die Länder Europas stehen vor der Herausforderung, stabile Friedensordnungen und wirtschaftliches Wohlergehen für die Zukunft zu sichern. In Deutschland spüren wir Christen nicht zuletzt nach der wiedererlangten Einheit unseres Landes eine weitere Herausforderung durch die vielen Menschen, die für ihren Lebensentwurf den Glauben an Gott nicht als notwendig erachten. Vielleicht ist ihnen noch nie Gottes Wort verkündet worden oder jedenfalls nicht so, dass sie es zu hören vermochten. Die Christen im östlichen Teil unseres Landes sind in einer deutlichen Minderheit und in den letzten Jahrzehnten massiv bedrängt worden. Für manche ist es wie das Aufwachen aus einem bösen, schweren Traum. Da heisst es zunächst einmal, sich umzuschauen und die Welt und die Gesellschaft, in der man lebt, neu wahrzunehmen.

Aber auch in den Regionen unseres Landes, in denen sich der Glaube frei entfalten konnte, tun sich immer mehr Menschen schwer, die Spuren Gottes in der Welt zu lesen. Ihnen scheint die Deutung des Lebens ohne Gott realistischer und lebensnaher. Das Verlangen nach Trost im Alltag, wenn Sinnkrisen das Leben erfassen, stillen sie zunehmend ausserhalb eines Gottesglaubens, wie ihn das in unserer Kultur beheimatete Christentum anbietet. Dazu passen Beobachtungen, dass Themen, die mit Glaube und Kirche zu tun haben, immer weniger öffentliches Interesse finden. Solche Fragen, besonders die Gottesfrage, müssen vielfach erst neu zum Thema gemacht werden.

Gleichzeitig ist zwar ein Bedürfnis nach Religion vorhanden, doch es verdunkelt sich das Bild Gottes. Wir treffen immer häufiger auf Menschen, die nicht nur in einem ausdrücklichen oder praktischen, sondern auch in einem «religionsförmigen Atheismus» leben. Der Mensch bejaht zwar Religion, aber als eine Fähigkeit, die der Mensch von sich aus, gleichsam selbstmächtig entwickelt. Diese Weise religiösen Bewusstseins vermag den Menschen zu faszinieren und ihn trotz allen technischen und wissenschaftlichen Fortschritts zu «verzaubern». Er befriedigt seine Sinnsuche damit, geheimnisvollen Energion, Kräften und Mächten in der Welt, im Kosmos oder im Innersten des Menschen nachzuspüren. Die Christen haben Anteil an diesen Prozessen. Sie stehen in diesen Wandlungen, werden von ihnen erfasst und herausgefordert, Menschen auf der Suche nach «sinnvollen» Antworten in dieser Welt, Gottes barmherziges Handeln in Jesus Christus glaubwürdig zu verkünden. Wie aber kann der Weg markiert werden, den Christen in unserer Zeit gehen können, und wie können sie andere zur «Weg-Gemeinschaft» im christlichen Gottesglauben einladen? Eine grundlegende Voraussetzung besteht darin, dass Christen selbst neu «lernen», Jesus Christus als den Weg, die Wahrheit und das Leben (vgl. Joh 14,6) anzunehmen. Glaubenserneuerung und Glaubensvertiefung sind notwendig, um andere auf dem Glaubensweg begleiten zu können.

1. Wegmarkierungen

Das Bedürfnis nach Religion ist vielgestaltig und mancherlei Wandlungen unterworfen. Es gehört zum Menschen und ist in sein Innerstes eingestiftet. Wir können beobachten, dass viele Menschen sich durchaus religiös orientieren wollen und in den vielfältigen Angeboten einer sich rasch wandelnden Gesellschaft ihr Religionsbedürfnis sättigen. Freilich, immer weniger halten sich die Einzelnen an vorgegebene

Muster. Sie entwerfen ihr Leben selbst. Die so genannten «Patchwork-Biografien» haben ihr Gegenstück in den selbst «gebastelten» Religionen, die aus ganz unterschiedlichen Elementen wie bei einem Flickenteppich zusammengefügt werden. Der religiöse Glaube, in welcher Weise auch immer, wird als eine ausschliesslich private Angelegenheit betrachtet. Umso mehr liegt es an den Christen, die Spuren von Gottes Gegenwart in ihrem Leben und in der Welt aufzuspüren und die Mitmenschen darauf hinzuweisen.

In den christlichen Kirchen wächst die Überzeugung, dass es derzeit eine neue Herausforderung zu missionarischer Verkündigung gibt. Wenn auch diesbezüglich manchmal Selbstzweifel und Resignation Einzelne und Gemeinden erfassen, so zeigt sich doch auch immer stärker, dass die missionarische Verkündigung des Reiches Gottes den Christen hilft, ihre eigene Situation mit ihren Licht- und Schattenseiten anzunehmen und in den Sendungsauftrag Jesu einzubetten. Veränderungen in unserem Leben gehören zum Wesen des Menschseins. Sie sind Teil unserer Geschichte und fordern Christen heraus, ihre eigenen vielleicht manchmal schon erstarrten Formen des Glaubens neu zu befragen und nach zeitgemässen Antworten zu suchen.

Das ist eine Erfahrung, die auch die ersten Christen gemacht haben. Sie sahen sich einer Welt gegenüber, der die Botschaft des Evangeliums ebenfalls schwer verständlich war. Dennoch gelang es ihnen, die heidnische Welt mit dem Sauerteig der Frohen Botschaft zu durchsäuern. In ihrer Begeisterung für die Botschaft Christi fanden sie Wege zu den Herzen suchender Menschen. Und diese suchenden Menschen gibt es auch heute. Ungeachtet der vielen angenehmen Seiten des Lebens macht sich deutlich auch eine gewisse Ratlosigkeit breit. Es scheint, dass eine neue Nachdenklichkeit in der Gesellschaft einkehrt. Angesichts der Bedrohtheit des Lebens und Überlebens stehen wir neuen Ängsten gegenüber. Menschen fragen besorgt, wie kann und wie wird es mit der Welt und den Menschen weitergehen? Das ist ein Ansatzpunkt, auf eine grössere Dimension des menschlichen Lebens hinzuweisen. Doch noch wichtiger scheint die folgende Beobachtung: Das missionarische Zeugnis der Kirche insgesamt und des einzelnen Christen wird durch eine Entwicklung begünstigt, die auf den ersten Blick für missionarische Pastoral belastend erscheint. Inmitten einer pluralen, vieles nivellierenden und «glcich-gültig» machenden Gesellschaft findet das profilierte Zeugnis einer Minderheit durchaus neue Aufmerksamkeit. Je mehr «alle Katzen grau sind», desto interessanter wird das «Unterscheidende»! Ein profilierter Lebensentwurf, eine dem Zeitgeist widerständige Haltung, ein aus tiefer und glaubwürdiger Überzeugung gesetztes Zeichen – all das findet gerade im Zeitalter der Massenkommunikation vielleicht gerade deshalb Beachtung. Zudem scheint es ein Urgesetz menschlicher Kommunikation zu sein, dass Personen, zumal authentisch wirkende Personen (weniger Institutionen, die eher dem Verdacht ausgesetzt sind, «vereinnahmen» zu wollen!), immer attraktiv sind. Das bedeutet, dass katholische Kirche sich noch stärker als bisher «personalisieren» muss, aber nicht nur in ihren Amtsträgern und «Spitzenvertretern», sondern in der Breite ihrer Berührungsmöglichkeiten mit der heutigen Gesellschaft. Der Gedanke des Apostolats der Laien, wie er vom Konzil entworfen wurde, dass jeder Christ am eigenen Ort in der Gesellschaft, in Beruf und Familie erkennbar Zeugin und Zeuge des Glaubens sein kann und sein soll, gewinnt hier brennende Aktualität. Denn die Kirche lebt in ihren Zeugen. Dabei ist es tröstlich zu wissen: «Gott war schon vor dem Missionar da!» Er gibt sich auch heute in vielfacher Weise zu erkennen. Die unterschiedlichen Räume, in denen Menschen leben, sind voller Spuren, die auf Gott hinweisen. Sie zu entdecken und mit der Botschaft des Evangeliums zu verbinden, ist Aufgabe einer zeitgemässen christlichen Verkündigung (vgl. dazu Teil III.2.).

2. Die Botschaft vom Leben

Im Neuen Testament findet sich ein Gleichnis aus der bäuerlichen Welt, in der wir so nicht mehr leben. Es ist das Bild vom Sämann (vgl. Mk 4,3–9). Dieses Bild, das aus einer für viele fremden Welt kommt, hat nichts von seiner Faszination und Eindringlichkeit eingebüsst. Es ist das Bild vom Wachsen und Reifen des Gottesreiches. Das Gleichnis Jesu erzählt von einem Sämann, der grosszügig und vertrauensvoll seinen Samen auf den Acker wirft, wohl wissend, dass nicht alles auf fruchtbaren Boden fällt. Manche Körner verlieren sich auf dem Weg und werden zertreten. Andere geraten auf felsigen Grund und können keine Wurzeln treiben, wieder andere ersticken unter Disteln und Dornen. Doch ungeachtet solcher Ausfälle wagt der Sämann immer neu die Aussaat. Es ist ein eindringliches Bild. Die Hand des Sämanns greift in den Beutel, geübt und kraftvoll, scheinbar ohne grosse Anstrengung wirft er die Körner über den Acker, wo dann das Wunder des Wachsens und Reifens beginnt. Es ist dieses Wissen um das Wachsen und Reifen der Frucht, das der Kirche die Zuversicht vermittelt, im Vertrauen auf Gottes Handeln das Samenkorn der Botschaft vom Reich Gottes unter die Menschen auszusäen.

Mit dem Bild der Aussaat und des Wachsens beschreibt das Evangelium das verborgene, aber unaufhaltsame Wachsen des Gottesreiches. Damit ist zugleich der Weg der Kirche in der Geschichte beschrieben. Im Glauben an Gottes Verheissung und im Vertrauen auf Jesu Beistand sieht sie das Reich Gottes wachsen, auch in ihrer weltweiten Glaubensgemeinschaft, in der sich die Reich-Gottes-Anwärter sammeln. Der auferstandene Herr hat seinen Jüngern verheissen, dass er mit ihnen verbunden bleiben wird und sie zur Fülle des Lebens führen will (vgl. Joh 10,10). Aus dieser Sicht sind Gott und sein Reich das Glück und das Heil für den Menschen. Diesen Kerninhalt christlicher Verkündigung darf und soll die Kirche den Menschen lebensnah vermitteln. Dabei ist die der Verkündigung des Evangeliums verheissene «Fülle» in zwei Richtungen hin auszulegen: Der Glaube an Gott gibt zum einen Orientierung und Kraft zu einem sinnerfüllten Leben hier auf Erden. Er zeigt dem Menschen sein Lebensziel in der bleibenden Gemeinschaft mit Gott über den irdischen Tod hinaus.

Dieser Gott hat sich in Jesus Christus auf eine Weise mitgeteilt, die überraschend, aber zutiefst menschenfreundlich ist. Ein konkretes Menschenleben, das Leben, Leiden und Sterben Jesu von Nazaret, wird zum «Modell», ja zur Wirkursache eines erneuerten Menschseins. Gott führt den Menschen, der dieses Lebensmodell Jesu zu seinem eigenen macht, aus aller Selbsttäuschung und Verblendung, vor allem aber aus der Schuldverhaftung heraus und eröffnet ihm eine neue Lebensperspektive. Er schenkt ihm eine Existenzerneuerung, die nicht in den eigenen menschlichen Möglichkeiten ihren Grund hat, sondern in der Verbundenheit der Glaubenden mit Jesus Christus oder, wie der Apostel Paulus sagen kann, in der «Angleichung» an ihn (vgl. Röm 6,5). Dazu «anzustiften» und anzuleiten, ist Aufgabe der Kirche. Sie erfüllt damit den Auftrag Jesu Christi: «Geht zu allen Völkern und macht alle Menschen zu meinen Jüngern!» (Mt 28,19).

Welche Haltung, welche «Spiritualität» braucht es, um in der heutigen Zeit diesem Auftrag Jesu zu entsprechen? Im II. Teil dieses Schreibens soll das Gleichnis vom Sämann zur Beantwortung dieser Frage herangezogen werden. Im III. Teil geht es um die einzelnen Schritte im Prozess der Evangelisierung, die gleichsam die Grundelemente einer missionarischen Arbeit der Kirche bilden. In diesem Abschnitt wird das Apostolische Schreiben «Evangelii Nuntiandi» von Papst Paul VI. unsere Überlegungen leiten (bes. EN 21–24).

II. Die Hand, die aussät – missionarische Spiritualität

Das biblische Bild vom Sämann steht neben anderen nicht weniger eindrücklichen Bildern: so dem Gleichnis vom Schatz, der im Acker verborgen liegt und den es mit dem Einsatz des eigenen Vermögens zu erwerben gilt (vgl. Mt 13,44). Ebenso finden wir das Bild von der kostbaren Perle, für die es sich lohnt, alles einzusetzen (vgl. Mt 13,45f). Im Lukasevangelium wird uns von einer Frau erzählt, die ihre Münze wiederfinden will und dazu bereit ist, ihr ganzes Haus «auf den Kopf zu stellen» (vgl. Lk 15,8–10). All diesen Bildern ist eines gemeinsam: Es geht um eine Haltung, die bereit ist, alles einzusetzen, ohne ängstlich oder halbherzig zu sein. Im Bild vom Sämann wird das besonders deutlich. Ohne Bedenken wird das Korn ausgesät: im Vertrauen auf eine gesunde Erde, die wohlwollende Natur und den Segen von oben, der die Saat wie von selbst wachsen lässt (vgl. Mk 4,26–29).

Solche Erfahrungen prägen die Haltung der Christen. Deshalb kann, wer sich von Gott angesprochen weiss, dies nicht für sich behalten. Jede und jeder Einzelne fühlt sich dann verpflichtet, die Freude am Glauben mit anderen zu teilen. Es entspricht dieser Erfahrung, dass der Glaube keine private Angelegenheit allein ist. Vielmehr wird die Gemeinschaft im Glauben wie im Leben zum Erkennungszeichen der Christen, von dem uns schon die Apostelgeschichte berichtet: «Und alle, die gläubig geworden waren, bildeten eine Gemeinschaft und hatten alles gemeinsam» (Apg 2,44). Das Miteinander in der Kirche und der Gemeinden untereinander ist also weit mehr als ein Miteinander nach der Art eines Sozialverbandes. Es ist schwesterliche und brüderliche Gemeinschaft, Communio, die getragen und geprägt ist vom Heiligen Geist.

Christen glauben an den dreifaltigen Gott, der in seinem Wesen Gemeinschaft ist. Sie wissen sich berufen, diesen «Gott des Gesprächs» in die Welt hineinzutragen. In unvorstellbarer Weise hat Gott sich den Menschen gegenüber grosszügig erwiesen. Er «schenkt» der Welt seinen Sohn, ohne nach Garantien für das Gelingen seines Heilplanes zu fragen. Gottes Handeln in Jesus Christus entspricht ganz dem biblischen Bild von der Aussaat: alles auszusäen, ungeachtet aller Widerstände der Menschen. Im Lebensbeispiel Jesu Christi verstanden Menschen, dass Gott es mit ihnen gut meint und sie zu einem Leben aus dem Evangelium beruft. Christen, die untereinander die Gemeinschaft mit Gott leben, vermögen deshalb deutlich zu machen, wie der Glaube das Leben verändern kann. Die Kirche darf der Raum sein, in dem das geheimnisvolle Wachsen der Saat, des Wortes Gottes, für die Menschen sichtbar wird.

Selbstverständlich wissen die Christen, dass sie unvollkommen und sündhaft sind und dass manches ausgesäte Korn durch schuldhaftes Handeln auf harten Boden oder unter Dornen fällt. Papst Johannes Paul II. hat in seinem Schuldbekenntnis zum Heiligen Jahr 2000 viele dieser Realitäten zur Sprache gebracht. Wiewohl diese schmerzlichen Erfahrungen manchmal Mutlosigkeit auslösen, bokennen wir doch die eine, heilige, katholische und apostolische Kirche. Indem Christen das Glaubensbekenntnis sprechen, bekennen sie die Kirche als Gemeinschaft einer Glaubensüberlieferung, die Christen aller Zeiten und aller Völker trägt, die Generationen, Kontinente und Kulturen zu verbinden vermag. Nach der Aussage des Zweite Vatikanischen Konzils soll die Kirche «Zeichen und Werkzeug für die innigste Gemeinschaft der Menschen mit Gott und untereinander» sein (LG 1). Mag auch die Scham über das eigene Versagen Christen belasten, so lautet der missionarische Auftrag Jesu, grosszügig das Wort Gottes gegen alle äusseren und inneren Widerstände in der Welt «auszusäen».

1. Demütiges Selbstbewusstsein

Was aber bedeutet diese Berufung zur «Aussaat» heute? Wie ist der Glaube weiterzusagen, um Menschen für die Nachfolge Jesu zu gewinnen? Wie und wo findet das Evangelium in einer Gesellschaft, die manchmal durch die Überfülle von Angeboten und Bedürfnissen, Gütern und Wünschen geprägt ist, den guten Boden, um zu wachsen, zu reifen und Frucht zu bringen (vgl. Mk 4,1–20)? Bleiben denn in dieser ständig sich verändernden Welt noch Raum und Zeit für «das eine Notwendige» (vgl. Lk 10,42), für den «Schatz im Acker» und die «kostbare Perle»? Papst Paul VI. betont in «Evangelii Nuntiandi» die Notwendigkeit einer neuen Evangelisierung des ursprünglich christlich geprägten Abendlandes. Durch diese neue Evangelisierung will die Kirche nicht das Rad der Geschichte zurückdrehen oder Mission als Indoktrination und Vereinnahmung betreiben. Sie will Menschen, die bereits Christen sind, auf eine neue Art ansprechen und so ein persönliches, überzeugendes Glaubensleben fördern. Es geht aber auch um Menschen, die zum ersten Mal dem Evangelium begegnen. Die Aufforderung Papst Pauls VI. spricht von einer neuen Evangelisierung in den Ländern mit christlicher Geschichte. Dort finden sich eigene Anknüpfungspunkte für einen solchen missionarischen Auftrag. Diesen stehen manchmal weniger gute Erfahrungen mit der Kirche entgegen. Die Verkündigung wird die Menschen nur dann erreichen, wenn sie in den Zeugen des Glaubens ein deutliches Bemühen wahrnehmen können, dem Wort des Evangeliums im eigenen Leben zu entsprechen. Wenn die Christen sich auch immer wieder von Sünde und Schuld belastet wissen und mancher Widerspruch zum Evangelium in ihrem Leben deutlich wird, so wird ihr Wort, wenn es denn mit demütigem Selbstbewusstsein gesprochen ist, dem Samen aus der Erzählung des Evangeliums gleichen, der auf gutem Boden kraftvoll wächst.

Angesichts vielfältiger Möglichkeiten und Angebote, dem eigenen Leben Sinn zu geben, werden Christen gefragt: «Was bringt mir der Glaube?» Vermögen die Religion und der Glaube das Leben zu deuten und zu gestalten? Unsere Antworten, die wir zu geben versuchen, werden geprüft werden an der Glaubwürdigkeit, mit der unser Leben die «Aussaat» des Wortes begleitet. Die Verkündigung des Glaubens ist immer mehr als Predigt und Katechese, mehr als Wissens- und Kenntnisvermittlung. Sie geschieht in den unterschiedlichen Räumen des Lebens und sucht den Menschen dort auf, wo er zu Hause ist. Gott will das Heil aller Menschen und gibt seiner Kirche den missionarischen Auftrag, die Menschen aufzusuchen und ihnen mitzuteilen, dass sie von Gott geliebt und in sein Reich berufen sind. In der Haltung der Grosszügigkeit und im Ringen um Glaubwürdigkeit gehört die Glaubensverkündigung zu den anspruchsvollsten Aufgaben von Kirche und Gemeinde. Das ist eine Aufgabe, die weit über notwendige organisatorische Überlegungen hinaus reicht. So gesehen kann man Kirche letztlich nicht organisieren. Sie wächst im Heiligen Geist – oder sie stirbt. Somit sollte alles kirchliche Handeln geistlich bestimmt sein und ihrem missionarischen Auftrag entsprechen.

2. Gelassenheit

Die Gelassenheit des Sämanns im biblischen Gleichnis, sein Vertrauen in die Kraft des ausgestreuten Samenkorns und schliesslich seine Bereitschaft, sich nicht durch Bedenken oder mangelnde Erfolgsaussichten vom Werk der Aussaat abbringen zu lassen, weisen auf eine weitere grundlegende Haltung missionarischer Spiritualität hin. Vielfach versteht man heute «Spiritualität» in einer ganz weiten Bedeutung, als eine religiöse Grundhaltung im Gegensatz zu einer säkularen. Manche engen den Begriff auf spezielle religiöse Übungen ein, so z. B. auf Meditation, Gebet und besondere geistliche Handlungen. In unserem Text soll «Spiritualität» in einem dritten Sinn gebraucht werden, nämlich als die Summe allen Bemühens um eine lebendige Beziehung zu Gott, aus der eine Grundhaltung im Alltagsleben erwächst. Die Ruhe und Gelassenheit in aller Widersprüchlichkeit des Lebens wird zu einer Grundhaltung, die die Christen dazu befähigt, in kritische Distanz zu allem zu treten, was man gemeinhin glaubt und lebt, was aber eine breitere und tiefere Sicht des Lebens zu behindern droht. Die Gelassenheit prägt auch die Souveränität des Sämanns, der aussät, ohne Erfolg oder Misserfolg, Ernte oder Missernte vorauszuwissen. Das Wachsen und Gedeihen besorgt Gott selbst. Wer sich von diesem Geist der Gelassenheit beseelen lässt, wird deshalb auch nicht durch Misserfolge entmutigt werden.

So verstanden, hat «Spiritualität» mit dem Leben aus dem Bewusstsein heraus zu tun, dass Gottes Geist den Boden für die Verkündigung bereitet und den Reifungsprozess des Wortes bewirkt. Deshalb braucht eine «Spiritualität» der missionarischen Verkündigung auch Zeiten der Ruhe, die nicht ausgefüllt sind mit irgendwelchen Aktivitäten. Auf diese Weise vermag der Mensch hellhörig zu werden für das, was Gott hat ausrichten lassen. Diese Art der «Spiritualität» ist auf den Dialog hin angelegt. Sie lässt sich von der Botschaft Jesu ansprechen und erwägt betend seine Heilstaten. Indem der Mensch den Alltag immer wieder unterbricht, gewinnt er Abstand gegenüber dem, was ihn zu vereinnahmen droht.

Doch darf dabei die kritische Distanz nicht zu einer Realitätsferne entarten. Eine Frömmigkeit, die die Tatsachen nicht mehr wahrnimmt, befördert die Sendung Jesu Christi nicht. Der christliche Glaube will die Grundhaltung des Lebens befruchten, wobei er selber durch das konkrete Leben immer wieder auf seine Tragfähigkeit hin getestet wird. Fällt beides auseinander, gerät der Glaube in die Gefahr, zur Ideologie zu werden, und das Leben selbst wird glaubenslos.

3. Gebet

Wir werden fragen müssen, wie die Saat aufgeht und wie die Wege missionarischer Verkündigung zu gehen sind. Die Haltungen, in denen dieser Weg beschritten werden muss, brauchen eine Quelle, aus der sie sich speisen können. Diese Quelle ist das Gebet. Wenn Menschen sich an Gott wenden, dann geschieht das immer nach der gleichen Grundform: Sie hören, was ihnen von Gott gesagt wird, und drücken dann ihre eigenen Empfindungen in Lob und Dank, Klage und Bitte aus. Besondere Bedeutung hat für Christen das gemeinsame Gebet entsprechend dem Wort Jesu: «Wo zwei oder drei in meinem Namen versammelt sind, da bin ich mitten unter ihnen» (Mt 18,20). Dieses gemeinsame Hintreten vor Gott ist Gottesdienst, der in der Eucharistiefoior seine Mitte und seinen Höhepunkt hat. Aus der Kraft dieser Feier, wo all das, was Christus erlosend geschenkt hat, gegenwärtig und wirksam wird, bildet sich die Gemeinschaft der Glaubenden. Dann kann es geschehen, dass Menschen zum Zeichen und Werkzeug des Heils werden (vgl. LG 1). Innerlichkeit und Öffnung zum Nächsten, Sammlung und Sendung schliessen einander nicht aus, sondern ein.

III. Wie die Saat aufgeht – Wege missionarischer Verkündigung

In «Evangelii Nuntiandi» werden die verschiedenen Stufen beschrieben, in denen ein erwachsener Mensch als Christ heranreift. Das ist für die Kirche in Deutschland ungewohnt, weil in unserem Land nach wie vor die Kindertaufe vorherrschend ist. Es zeigt sich aber auch immer deutlicher, dass erwachsene Christen, von der Botschaft des Glaubens berührt, Wege zum Christwerden suchen. In diesem Zusammenhang werden wir im «Allgemeinen Direktorium für die Katechese» darauf aufmerksam gemacht, dass «das Modell jeder Katechese ... der Taufkatechumenat» ist, der Weg also, auf dem Erwachsene zum Glauben und zur Taufe finden (AKD 59).

In «Evangelii Nuntiandi» werden Schritte für eine Evangelisierung angezeigt. Es sind dies das Zeugnis des Lebens und des Wortes, die Zustimmung des Herzens, der Eintritt in die Gemeinschaft der Glaubenden und die Feier der Sakramente sowie das Apostolat des Glaubens.

Wir werden uns in den folgenden Überlegungen an dieser Schrittfolge orientieren. Dabei geht es nicht nur um eine blosse Abfolge von Schritten, sondern ebenso um die Elemente, die immer mitgegeben sind, wenn das Evangelium verkündet wird und Menschen zum Glauben finden. Das Zeugnis des Wortes, das zur Zustimmung des Herzens und damit zur Glaubenszustimmung führt, vermag seine Kraft nur zu entfalten, wenn es vom Zeugnis des Lebens mitgetragen wird. Der Glaube, der zum Eintritt in die Gemeinschaft der Glaubenden und zum Empfang der Sakramente führt, findet seine Gestalt im Zeugnis des Wortes, in einer missionarischen Verkündigung, die dem Apostolat des Glaubens entspricht.

Die «Stufen auf dem Glaubensweg» durchdringen sich also und stehen in enger Beziehung zueinander. Wir können das besonders am Bekehrungsweg der Heiligen erkennen.

1. Zeugnis des Lebens

In den Begegnungen und Beziehungen der Menschen untereinander ist das gelebte Zeugnis immer eindrucksvoll. Wenn Menschen aus dem Glauben leben und dadurch erkennen lassen, wie ernst der Glaube im Leben genommen wird, dann weckt dieses «Zeugnis ohne Worte» den

Wunsch, mehr von diesem Glauben erfahren zu dürfen. Dabei werden zentrale Fragen gestellt: «Warum verhalten sich Christen so? Warum leben sie auf diese Weise? Was – oder wer – ist es, von dem sie beseelt sind?» Es ist eine «stille, aber sehr kraftvolle und wirksame Verkündigung der Frohbotschaft», zu der «alle Christen aufgerufen» sind (EN 21). Denn der erste Schritt zum Christwerden gründet in einer Erfahrung, Menschen kennen gelernt zu haben, die als überzeugte Christen leben.

Die Kirche sucht in dem, was sie tut und wie sie sich darstellt, ihr Leben aus dem Glauben zu bezeugen. Das drückt sich besonders durch das Zeugnis der Nächstenliebe aus, wie wir es in persönlicher und amtlicher Caritas wahrnehmen dürfen, in der Sorge für Arme, Kranke, Alte, Alleinstehende und Fremde, durch Hausbesuche von Laien und Priestern. Dabei wird das Zeugnis des Lebens durch Haltungen verdeutlicht, aus denen Christen leben. Ehrfurcht und Staunen, Selbstbegrenzung und Mass, Mitleid und Fürsorge, Gerechtigkeit und Solidarität sollen hier beispielhaft benannt sein. An der Weise also, wie Christen miteinander umgehen, sich Menschen öffnen, vermögen andere sie als Christen zu erkennen und dem Inhalt der christlichen Botschaft Glauben zu schenken.

Das Christentum hat die Umgangsformen in unserem gesellschaftlichen Umfeld nicht unerheblich mitgeprägt. Selbst dort, wo der Glaube nicht mehr bewusst gelebt wird, vermag man noch die christlichen Lebensprägungen auszumachen. Es ist dies eine indirekte Verkündigung:

– durch die Art, wie Christen Menschen wahrnehmen und Kontakte pflegen,
– durch entgegenkommende Umgangsformen,
– durch kulturelles und sozialcaritatives Engagement,
– durch die Bereitschaft, das öffentliche Leben mitzugestalten,

– durch christliche Gastfreundschaft.
Besonders die Haltung und Offenheit der Gastfreundschaft gehören zu
den starken Zeichen des Lebens. Ein Kirchenlehrer im 3. Jahrhundert
nach Christus wurde gefragt, wie jemand Christ werden könne, und er
erwiderte: «Ich nehme ihn ein Jahr als Gast in mein Haus auf.» Die
freundliche Aufnahme in unseren Gemeinden, Bildungshäusern und
in vielen anderen kirchlichen Einrichtungen kann Besuchern und Be-
sucherinnen Mut machen, nach dem Grund der Hoffnung zu fragen,
die die Christen beseelt (vgl. 1 Petr 3,15). Verkündigung geschieht also
wie von selbst, wenn Menschen nach dem Evangelium leben und handeln.

2. Zeugnis des Wortes

Wenn andere von unserem «Zeugnis des Lebens» angerührt sind,
dann dürfen wir ihnen das «Zeugnis des Wortes» nicht vorenthalten.
Dabei ist zu bedenken, dass es gerade im religiösen Bereich so etwas
wie eine natürliche Zurückhaltung im Sprechen, eine Art sprachlicher
Feinfühligkeit, gibt und geben muss, die es zu respektieren gilt. Der
Gottesglaube gehört zu den intimsten Dingen des menschlichen Lebens. Deshalb müssen wir Formen und Räume finden und gestalten,
in denen einerseits diese Intimität des Religiösen nicht verletzt, aber
andererseits doch auch das «Wort des Lebens» dem «Zeugnis des Lebens» erklärend und deutend hinzugefügt werden kann. Die Aufgabe
einer neuen Evangelisierung, in der die Menschen eingeladen werden,
ihr Leben nach dem Evangelium zu gestalten, bedarf auch der Rechenschaft über den eigenen Glauben. «Es gibt keine wirksame Verkündigung, keine wirkliche Evangelisierung, wenn nicht auch der Name
und die Lehre, das Leben und die Verheissung, das Reich und das Geheimnis von Jesus von Nazaret, des Sohnes Gottes, ausdrücklich ver-

kündet wird» (EN 22). Vor seinen Anklägern bekennt deshalb der
Apostel Petrus, dass den Menschen kein anderer Name unter dem
Himmel gegeben wurde, durch den sie gerettet werden können, ausser
dem Namen Jesu Christi (vgl. Apg 4,12).

2.1. Bereitschaft zum Zeugnis

Vielen Christen fällt es schwer, mit dem eigenen Wort zeugnishaft für
den Glauben einzustehen. Es gibt eine verbreitete Scheu, religiöse
Themen offen anzusprechen oder sich als religiös zu bekennen. Es
scheint fast ein Tabu zu sein, das zu verletzen man sich ausser Stande
sieht. In der Vergangenheit waren Worte wie «Mission» und «Evangelisierung» häufig negativ besetzt. Mit ihnen verband man Erfahrungen der Intoleranz und des aufdringlichen Bekehrungseifers. In der
theologischen Diskussion wurde das Wort von der neuen Evangelisierung auch als «Re-Christianisierung» oder «Re-Katholisierung» miss-
verstanden, so als ginge es darum, zu einer vergangenen Gestalt des
Glaubens zurückzukehren. Darüber hinaus fühlen sich manche auch
damit überfordert, den eigenen Glauben anderen gegenüber ins Wort
zu bringen, weil sie es sich nicht zutrauen, «das Zeugnis des Wortes»
angemessen weiterzugeben. Wir bedürfen also einer wirklichen Ermutigung zum missionarischen Zeugnis und werden diese nur in Gemeinschaft mit der ganzen Kirche finden. Wenn die Zeichen der Zeit
nicht trügen, dann dürfen wir hoffen, dass in den christlichen Kirchen
und kirchlichen Gemeinschaften eine starke Bereitschaft wächst, sich
mit dem «Zeugnis des Wortes» in das Ringen und Suchen der Menschen einzubringen.

2.2. Auskunftsfähigkeit

Im Neuen Testament werden wir aufgefordert, stets bereit zu sein, einem jeden Rede und Antwort zu stehen, der nach der Hoffnung fragt, die uns erfüllt (vgl. 1 Petr 3,15). Wir werden ermutigt, Auskunft zu geben, und werden damit auch angefragt, ob wir auskunftsfähig sind. Was unser eigenes Leben aus dem Glauben trägt und erfüllt, was wir aus dem Glauben heraus an Stärke und Zuversicht erfahren, darüber dürfen wir nicht schweigen. Wie könnten wir das, was uns leben lässt, mit anderen nicht teilen? Die Fragen, die sich allem ehrlichen Suchen nach Wahrheit immer wieder aufdrängen, sind sehr alte Fragen, die in jeder Zeit nach neuen Antworten rufen: Woher kommen wir? Wohin gehen wir? Was gibt im Leben Grund, Halt und Richtung? Eine neue Evangelisierung in unserem Land wird auskunftsfähig auf diese Fragen hin sein müssen, damit das «Zeugnis des Wortes» zu einer glaubwürdigen Antwort werden kann.

2.3. Sprachfähigkeit

Auskunftsbereitschaft setzt Sprachfähigkeit voraus. In besonderer Weise gilt das für die Verkündigung in und durch die Kirche. Es wird nur das den Menschen erreichen, was überzeugend gesagt wird. Dabei ist zu beachten, dass heute nicht nur die theologische Fachsprache, sondern auch einfache, einst allgemein geläufige Ausdrücke und Bilder selbst von vielen Katholiken nur noch schwer verstanden werden. Deshalb muss das Bemühen dahin gehen, die Verkündigung in Bildern und Vergleichen zu leisten, die aus der Erfahrungswelt der Zuhörerinnen und Zuhörer stammen. Dass dabei besonders darauf zu achten ist, nicht in den Bereich des Trivialen oder Gekünstelten abzugleiten, versteht sich von selbst. Die Verkündigung braucht – ähnlich der Sprache

in Literatur und Dichtung – einen erfinderischen, klaren und aussage-
starken Sprachstil. Insbesondere bei der Predigt als gestaltender Rede
müssen Sprachform und sprachliches Können dem grossen Inhalt der
Botschaft angemessen sein. Die immer wieder von Christen beklagte eigene Unfähigkeit, ihrem
Glauben eine «Sprachgestalt» zu geben, mag mit ein Grund dafür sein,
dass der missionarische Auftrag der Kirche behindert wird. Daran kann
eine vergangene Praxis ihren Anteil haben, die auf eine «kirchenamt-
lich» korrekte Sprache in religiösen Dingen hin angelegt war und daher
weithin dem Amtsträger allein zukam. Angesichts einer Neigung zum
religiösen Subjektivismus und zur Schwärmerei mag die verbreitete
Sprachnot einerseits durchaus verständlich sein. Andererseits muss
wohl angesichts der «Sprachlosigkeit» vieler Christen – auf Worte, Zeichen und Tathandlungen bezogen – in der Breite unserer Gemeinden eine neue religiöse Sprach- und Zeichenkompetenz erworben werden.
In allen Schwierigkeiten, den Glauben zu bezeugen und weiterzusagen, machen wir dennoch die Erfahrung, dass dort, wo sachlich be-
gründet, verantwortet und redlich gesprochen wird, das Evangelium
Interesse weckt. Es geht nicht darum, Menschen zu einer Zustimmung
zu verführen. Menschen lassen sich aber ansprechen, wenn ihnen die
Botschaft des Evangeliums in einer einfachen, lebensnahen Sprache
vermittelt wird. Dazu braucht es Mut, weil diese einfache Sprache uns
zwingt, das sachlich Verantwortbare und das persönlich Gelebte in Beziehung zu setzen.

2.4. Orte der Verkündigung

Der wichtigste Ort der Verkündigung ist die Eucharistiefeier am Sonntag. Auch dann, wenn manchmal die belastende Erfahrung einer immer leerer werdenden Kirche gemacht werden muss, darf nicht über-

sehen werden, wie viele Christen Sonntag für Sonntag den Gottesdienst besuchen, nicht zuletzt deshalb, weil sie von der Predigt Impulse für den Alltag erwarten. Für die Seelsorger ist es ein Geschenk und eine Herausforderung zugleich, das Wort Gottes verkünden zu dürfen. Die Sonntagspredigt wird sich in der Regel an den Lesungen und an den im Kirchenjahr gefeierten Festen orientieren. Die Zeit aber, die der Predigt zukommt, ist im Gottesdienst begrenzt. Es bedarf deshalb ergänzender Angebote der Glaubensunterweisung und Glaubensvertiefung. Dafür gibt es ermutigende Erfahrungen, etwa die häufig von jungen Menschen gestalteten Früh- und Spätschichten, Andachten und Wallfahrten. Nicht zuletzt ist die Feier des Stundengebets bedeutsam, denn die Liturgie selbst ist ein Ort von Verkündigung und Glaubensvertiefung.

Wichtig sind auch die vielfältigen Angebote in Gesprächs- und Arbeitskreisen, Bibelkreisen («Bibel teilen»), Glaubenskursen und -seminaren, die u. a. von Gemeinden, Verbänden, geistlichen Gemeinschaften und von den Bildungswerken veranstaltet werden. Hier besteht die Möglichkeit zum Dialog, denn Menschen wollen zu Wort kommen, ihre Fragen und Bedenken anbringen und so den Glauben vertiefen.

Die Familie verstand sich in der frühen Kirche als Hauskirche (vgl. LG 11), in der über den Glauben gesprochen und gemeinsam gebetet wurde. Es ist heute nicht einfach, als christlich geprägte Familie zu leben. Doch die Erfahrungen mit dem Familiengebet als einer «Hausliturgie», die an bestimmten Tagen und zu einer festgesetzten Stunde in einer ganzen Diözese gefeiert wird, verweisen auf die Familie als einen besonderen Ort der Glaubensverkündigung.

Bedeutsam für viele Menschen sind die Begegnungen mit der Kirche und ihrer Verkündigung bei besonderen Anlässen, bei der Taufe, Trauung oder bei Beerdigungen. Die Liturgie und die Predigt finden in diesen sehr sensiblen Lebensmomenten bei den Menschen einen hohen Grad an Offenheit.

2.5. Katechese und Religionsunterricht

Die Gemeindekatechese ist ein grosses geistliches Geschenk für unsere Pfarreien. Die Katechese ist im Leben der Kirche neben dem Gottesdienst die wichtigste Form der Verkündigung. Sie will «ein lebendiges, ausdrückliches und sich in Taten auswirkendes Bekenntnis des Glaubens ... fördern» (AKD 66). Sie wird vor allem dann wirksam sein, wenn ihr die Erfahrung einer gelebten Glaubensgemeinschaft vorausgeht. Deshalb wird die Sakramentenkatechese allein kaum ausreichen, bleibend zu einem Leben nach dem Evangelium zu ermutigen. Wir müssen neu nach dem Stellenwert und der Bedeutung einer umfassenden Erwachsenenkatechese fragen.

In Deutschland hat der schulische Religionsunterricht eine grosse Bedeutung. Anders als in einer katechetischen Situation kann im Religionsunterricht die vorausgehende «Zustimmung des Herzens» als tragendes Element nicht selbstverständlich vorausgesetzt werden. Darin liegt eine besondere Chance, auch Kinder und Jugendliche ansprechen zu können, die sonst mit Glaube und Kirche kaum Kontakt haben. Immer mehr Jugendliche und Erwachsene sind getauft, aber noch nicht voll in die Kirche eingeführt, und sind Adressaten für die «Erstverkündigung». Diese Erstverkündigung bedarf einer nachfolgenden «Basiskatechese». Dafür geeignete Formen, Anlässe und auch Methoden zu suchen und auszugestalten, wird immer dringlicher.

2.6. Medien, eine unverzichtbare Hilfe

Zunehmende Bedeutung für Glaubensinformation und Verkündigung erhalten die Medien, nicht zuletzt deshalb, weil sie auch Menschen erreichen, die der Kirche fremd sind. Nach «Evangelii Nuntiandi» kann die Kirche «in unserer Zeit, die von den Massenmedien oder sozialen

85

Kommunikationsmitteln geprägt ist, bei der ersten Bekanntmachung mit dem Glauben ... und bei der weiteren Vertiefung des Glaubens auf diese Mittel nicht verzichten». Ja, sie «würde vor ihrem Herrn schuldig, wenn sie nicht diese machtvollen Mittel nützte, die der menschliche Verstand immer noch weiter vervollkommnet» (EN 45).

Medien haben für viele Menschen heute eine umfassende Orientierungsfunktion. Regelmässige Sendezeiten im Fernsehen und Hörfunk gliedern oftmals den Tagesablauf wie einst Gebetszeiten. Manche Sendungen verbergen kaum ihren pseudoreligiösen Charakter, sodass man heute von einer «Medienreligion» spricht.

Eine Berichterstattung, die sich am christlichen Glauben orientiert, sowie erzählende Formen und Unterhaltungsbeiträge in Hörfunk und Fernsehen, die vor dem Hintergrund einer gläubigen Einstellung geschaffen wurden, bewirken oft mehr als ein ausdrücklicher Verkündigungsbeitrag. Untersuchungen über die so genannten «Schwarzen Serien» – Fernsehreihen, die über den Alltag eines Pfarrers oder einer Gemeindeschwester berichten – bestätigen dies eindrücklich. Medien können somit auch als Räume indirekter Verkündigung verstanden werden. Zugleich sind die religiösen Sendungen der Kirche, (Morgen-)Ansprachen, Gottesdienstübertragungen u. a., ein unverzichtbarer Bestandteil heutiger Glaubensverkündigung. Viele Menschen, Gläubige und andere, warten täglich auf sie. Für Alte und Kranke sind sie oft der einzig mögliche Berührungspunkt mit Glaube und Kirche. Es ist erfreulich, dass auch Redaktionen der Hörfunk- und Fernsehanstalten auf die Dimension der ausdrücklichen Glaubensverkündigung als selbstverständlichen Programmteil nicht verzichten wollen.

Selbst säkulare Zeitschriften, Zeitungen und elektronische Medien bieten religiöse Information und setzen sich mit Fragen von Religion und Kirche auseinander. Doch ungeachtet vielfacher Konkurrenz durch die neuen Medien bleibt das Buch für die religiöse Bildung und geistliche Anregung unverzichtbar.

Eine besondere Herausforderung stellt das Internet dar. Wir wissen, dass vornehmlich junge Menschen darin eine Möglichkeit sehen, sich kommunikativ weltweit zu vernetzen. In der Wahrnehmung der Bedeutung dieses Mediums stehen wir sicher noch am Anfang. Aber Erfahrungen, z. B. der Katholischen Glaubensinformation, zeigen, dass die christliche Botschaft über dieses Medium weit über den Kirchenraum hinaus bekannt gemacht werden kann.

3. Zustimmung des Herzens

Im Zentrum aller pastoralen Bemühungen steht die Sorge um Glaubenserneuerung und Glaubensvertiefung als eine Hilfe, dem Gott des Lebens zu begegnen. Dazu gehört eine persönlich verantwortete, in eigener Erfahrung verwurzelte Glaubensentscheidung. Das gilt nicht nur für die Getauften. Die Verkündigung des Evangeliums will alle Menschen erreichen, jene, denen das Evangelium noch nicht bekannt ist, und jene, die aus verschiedenen Gründen zögern und die Zustimmung zum Glauben noch nicht geben. Die Botschaft des Evangeliums will gehört, aufgenommen und angeeignet werden, sie sucht die Zustimmung der Herzen der Menschen zur Wahrheit des Glaubens. Das meint sicher «die Zustimmung zu den Wahrheiten, die der Herr aus Barmherzigkeit geoffenbart hat», aber es meint mehr noch die Zustimmung zum «Programm eines verwandelten Lebens» (EN 23). Das Evangelium öffnet für einen neuen Blick auf die Welt, den Zustand der Gesellschaft, die Lage der Dinge, das Leben und das Zusammenleben der Menschen. Die Glaubenszustimmung ist Zustimmung zur Wahrheit und Wirklichkeit des von Gott geschenkten neuen Lebens.

3.1. Es geht um das Leben der Menschen

In der Verkündigung des Evangeliums geht es immer um das Leben des Menschen und um die Wahrheit seines Lebens, von der Geburt bis zum Tod und über den Tod hinaus. In unserer Zeit nehmen wir eine abnehmende Kirchlichkeit wahr und werden gleichzeitig Zeugen eines paradox anmutenden Phänomens wachsender Religiosität. Die Suche nach Religion, nach Sinn und Lebensdeutung, ist unübersehbar. Vielfach wird von einer Wiederkehr der Religion oder neuer Religiosität gesprochen. Gerade diese Beobachtung lädt dazu ein, mutig und unbefangen gegen völlig unbegründete Berührungsängste das Religiöse wieder in der säkularen Welt zu entdecken und das Evangelium weiterzusagen.

Das Denken und Empfinden der Menschen unserer Tage wird manchmal unter den Stichworten «Verlust von Einheit und Identität» und «Suche nach Halt und Mitte» beschrieben. Darin zeigen sich Markierungen, die einer missionarisch orientierten Kirche den Weg weisen. Es ist wohl an der Zeit, das Wort des Evangeliums allen Menschen guten Willens zu sagen. Dabei geht es nicht um eine neutrale Darstellung des Glaubens, sondern um die engagierte Einladung, Jesus Christus als der Mitte unseres Glaubens die Zustimmung des Herzens zu geben. Die Einladung zum Glauben klingt vor allem dann kraftvoll und überzeugend, wenn die Zustimmung der Herzen derer zu spüren ist, die vom Glauben sprechen. Das Zeugnis des Lebens und des Wortes sowie die Zustimmung des Herzens, von denen hier die Rede ist, sind zunächst etwas, was im Leben der Getauften und in der Gemeinde geschehen muss. Die Verwandlung der Herzen ist eine Voraussetzung, das Evangelium glaubwürdig zu bezeugen.

Nicht selten sind es die «Schlüsselereignisse» eines Lebens, die für neue Erfahrungen empfänglich machen. Das können Begegnungen mit Personen sein, die aus dem Strom des Lebens herausragen. Wendepunkte in unserem Leben können Gespräche sein, Höhen und Tiefen, Gipfelpunkte unseres Lebens und Erfahrungen von Existenznot. Die Verkündigung des Evangeliums wird die Zustimmung der Herzen bei den Menschen dann erreichen, wenn unsere Botschaft diese Wendepunkte und Schlüsselereignisse zu deuten vermag.

3.2. Gewinnung der Herzen ist Gottes Werk

Nicht menschliches Tun bewirkt den Durchbruch der Gnade. Allein Gottes freies Handeln kann das Menschenherz gewinnen. Aber es ist sicher auch richtig, dass das Handeln der Kirche und damit aller Getauften den Raum bereiten kann, dass Gottes Einladung angenommen wird. Dabei brauchen Christen sich nicht zu ängstigen im Blick auf die eigene Schwäche, Unvollkommenheit und ihr Verzagtsein. Wichtig ist, dass sie zum Zeugnis des Wortes und der Tat die Zustimmung ihres eigenen Herzens geben. Wie im Gleichnis vom Sämann beschrieben, wird eine Haltung der Grosszügigkeit dazu beitragen, die Frohe Botschaft unverkrampft und freimütig weiterzusagen.

4. Eintritt in eine Gemeinschaft von Gläubigen

Die Glaubenszustimmung oder «Zustimmung des Herzens» führt in eine Gemeinschaft, die dem Glauben entsprechende Gestalt zu geben vermag: die Gemeinschaft der Kirche. «Eine solche Zustimmung, die nicht abstrakt und körperlos bleiben kann, offenbart sich konkret durch einen sichtbaren Eintritt in eine Gemeinschaft von Gläubigen.» Sie selbst ist ein «Zeichen der Umwandlung» und ein «Zeichen des neuen Lebens», das «sichtbare Sakrament des Heiles» (EN 23). Die

Kirche bekennt Jesus als den «Urheber und Vollender des Glaubens» (Hebr 12,2).

4.1. Biotope des Glaubens

Kirche wird konkret erfahren in der Gemeinschaft der Gläubigen. Das verpflichtet uns als Kirche zur Glaubwürdigkeit in unserem Verhalten und in unserer Lehre. Und es zwingt zu grosser Aufmerksamkeit in heutigen Lebenssituationen, die manchmal verwirrend «bunt» und vielgestaltig sind. Es gibt deshalb einen missionarischen Sinn, neue «Glaubensmilieus» zu entdecken und Biotopen gleich zu gestalten.

Diese «Biotope gelebter Christlichkeit» können Räume der Einübung, der Erprobung und Bewährung des christlichen Glaubensweges werden. Dies ist nicht neu, sondern ein Vorgang der Glaubensweitergabe von den Tagen der Urkirche an. Daher kann man auf beispielhafte Modelle in der Geschichte der Seelsorge zurückgreifen, in der immer wieder der heutigen Zeit vergleichbare Situationen zu bewältigen waren. Aber es gilt auch kreativ zu werden, um an heutige Formen von Gruppenbildungen anzuknüpfen, besonders solche, die auf Solidarität, Selbsthilfe, Partizipation, Austausch und Vernetzung hin angelegt sind.

Christliche Gemeinden, Gemeinschaften und die neuen geistlichen Bewegungen bieten den Menschen einen Lebensraum an. Sie helfen dem Menschen, der nach Sinn sucht, in einem Netz von Beziehungen den Glauben zu erfahren und zu leben. Dabei geht es nicht um ghettoartige Fluchtburgen in einer pluralistischen Welt. Vielmehr werden die geistlichen Gemeinschaften und Bewegungen gerade im Kontakt zu anderen Initiativen in der Kirche der missionarischen Verkündigung dienen. Die Vielfalt der Gemeinschaften und Bewegungen hilft suchenden Menschen, auf eine ihnen jeweils entsprechende Weise die Antwort des Glaubens zu finden. Für Menschen, die nach einem intensiven und erfüllenden Glaubensleben streben, ist das besondere Profil einer solchen Gruppe wichtig.

4.2. Sakramente und Sendung

Die «Zustimmung zur Kirche» verbindet sich mit dem «Empfang der Sakramente», die «diese Zustimmung durch die Gnade, die sie vermitteln, bezeugen und bekräftigen» (EN 23).

Eine lebendige und persönliche Zustimmung schärft das Verständnis für das, was die Sakramente in der Kirche zum Ausdruck bringen wollen, nämlich Zeichen des Heils zu sein. Getaufte Christen veranschaulichen in diesem Sinn, was allen Menschen im Glauben verheissen ist. Gefirmte Christen tragen dieses Zeugnis so in die Welt, dass suchende Menschen auf die Früchte des Christusglaubens in der Kirche aufmerksam werden. Christen, die aus der Eucharistie leben, finden in diesem Sakrament immer wieder neu die Kraft, ihrer Berufung treu zu bleiben. Die Sakramente bergen in sich eine missionarische Kraft. Deshalb würde eine Kirche, die sich nur selbst genügte, ihre Türen nicht öffnen, sondern verschliessen. Christliche Gemeinden und Gemeinschaften sind gerufen, den Glauben auf den «Marktplätzen dieser Welt» zu verkünden und das Wort auszusäen.

Für die Erweckung eines «missionarischen Bewusstseins» und auch für eine vertiefte Taufidentität in den Pfarrgemeinden ist der Katechumenat von nicht zu unterschätzender Bedeutung. Der Katechumenat ist ein Glaubensweg für Erwachsene, an dessen Ende das Glaubensbekenntnis steht und die Aufnahme in die Kirche erfolgt. Auf diesem Weg zum Christwerden begleitet die Gemeinde den suchenden und fragenden Menschen. Hier sind es besonders die Laien, getaufte und gefirmte Christen, die zu Begleiterinnen und Begleitern werden. In einer Reihe von deutschen Diözesen werden mit dieser Pastoral bereits ermutigende Erfahrungen gemacht, die zeigen, dass eine qualifizierte Begleitung Erwachsener auf dem Weg zum Glauben positive Rückwirkungen auf das Gemeindeleben hat. Für die Kirche in Deutschland insgesamt ist die Zunahme von Taufbitten Erwachsener und Jugendlicher ein ermutigendes Zeichen für das Wirken des Geistes in unserer Zeit und für die bleibende Fruchtbarkeit des Glaubens.

4.3. Lebensräume für Menschen auf der Suche nach Sinn

Neben denen, die in der vollen sakramentalen Gemeinschaft stehen, gibt es aber auch viele, die mehr oder weniger am Rande des Christentums leben. Der blutflüssigen Frau im Evangelium gleich berühren sie «nur» den Saum des Mantels Jesu (Mt 9,20ff). Auch in engagierten gesellschaftlichen Gruppen kann Gottes Geist wirksam werden. Wo sich die Mitglieder solcher Initiativen dessen bewusst werden, wachsen sie auch in die Christusgemeinschaft hinein. Eine missionarische Kirche wird nach Kontaktmöglichkeiten suchen, diese Menschen auf ihrem Weg zu begleiten.

Besonders im Bereich der so genannten Citypastoral und in kirchlichen Bildungshäusern gibt es ein Umfeld, in dem zeitlich kurze, aber unter Umständen sehr berührende religiöse Erfahrungen möglich sind, die oft gerade Fernstehende ansprechen.

In der Liturgie verfügt die Kirche über einen grossen Schatz an Riten, Symbolen und Feiern, welche – angemessen gestaltet – auch Fernstehende ansprechen. In stilvoll gestalteter Feier und Festlichkeit kann fast unmittelbar die Welt des Transzendenten und des Heiligen erlebt werden. Gerade Kirchen im Citybereich unserer Städte bieten sich an, durch qualifizierte musikalische Gestaltung, Predigten, Meditationen u. ä., durch das Angebot persönlicher Aussprache und Beichte (vgl.

Umkehr und Versöhnung 4.5.1), aber auch als Räume der Stille und des Gebets «Zaungäste» anzuziehen.

Jesus selbst hat seinen Glauben und seine Verkündigung nicht anders gelebt. Er wollte alle Menschen für ein Leben in der Freiheit des Glaubens gewinnen. Viele haben ermutigende Begegnungen mit ihm gehabt und daraus eine neue Zuversicht und neue Orientierung gewonnen. Einige – die Frauen und Männer im Jüngerkreis und die Apostel – haben sich von ihm so sammeln lassen, dass ihre Gemeinschaft mit dem Herrn zum Abbild für das wurde, was Kirche als Sakrament für die Welt ausmacht. In dieser Gemeinschaft hat Jesus ausgesprochen und getan, was allen Menschen für alle Zeiten im Glauben verheissen ist. Aus der Sammlung beim Herrn haben die Apostel Kraft und Auftrag empfangen, «zu allen Völkern zu gehen ...» (Mt 28,19f). Aus dieser Dynamik sammelte sich nach Ostern die weltweite Kirche. Hierin besteht das Abenteuer des Glaubens auch heute, in einer Zeit des gesellschaftlichen Umbruchs und der kirchlichen Neuorientierung. Es bedarf des Vertrauens und der Offenheit, um als Kirche wieder missionarischer zu werden.

Die Tatsache einer zwar noch kleinen, aber stetig wachsenden Zahl von Erwachsenentaufen in Deutschland macht darauf aufmerksam, dass bei einer schon länger anhaltenden Entfremdung von Kirche und christlicher Lebenspraxis auch mit einem neuen Fragen nach Christentum und Kirche zu rechnen ist. Je grösser die Entfremdung, umso unbefangener und unbelasteter kann ein neuer Zugang zu dem möglich sein, was tragender kultureller Grund für die Gesellschaft auch morgen bleiben wird. Es scheint, als ob dies in den neuen Bundesländern deutlicher zu spüren ist als in den noch «christentümlich» geprägten Regionen Deutschlands.

Die Pfarrgemeinden (bzw. Pfarrverbände oder generell Zusammenschlüsse und Kooperationen von Pfarrgemeinden) sind als Raum einer

Gemeinschaft von Gemeinschaften unverzichtbar. Was hier geschieht, hat stets auch eine missionarische Dimension. Denn alle Dienste und Aktivitäten dienen gleichermassen der Sammlung (Communio) und der Sendung (Missio). Dies gilt für den Gottesdienst ebenso wie für alle anderen pastoralen Angebote. Dabei ist nicht zu übersehen, dass gegenwärtig viele Pfarrgemeinden auf Grund von Umstrukturierungen eine Zeit der Krise erleben. Zu der Frage, was von bisherigen Aufgaben noch leistbar sein wird, kommt die nicht minder drängende Frage, was zu tun ist, um Menschen mit der christlichen Botschaft überhaupt in Berührung zu bringen. Bei allen Strukturfragen ist also die missionarische Dimension mit zu bedenken.

Über den Bereich der Pfarrgemeinde hinaus wird es eine Vielzahl an Möglichkeiten geben müssen, von denen einige hier nur aufgezählt sein sollen:

– kategoriale Seelsorgebereiche,
– Verbände und ihre Einrichtungen,
– neue geistliche Gemeinschaften und Bewegungen,
– christliche Dritte-Welt-Gruppen,
– kirchliche Bildungs- und Begegnungsstätten,
– spezialisierte Angebote in Klöstern, Beichtkirchen, Innenstadtpfarreien und Wallfahrtsorten,
– Orte des Kontaktes in der City- und Passantenpastoral,
– Angebote an der Schnittfläche von Kirche und Kunst,
– Zwischenräume und Vorräume der Begegnungen und des Gesprächs,
– gesellschaftlich-caritative Einsätze,
– Besuchsdienste (bei Neuzugezogenen, an Geburtstagen, in Krankenhäusern).

Im Blick auf diese Möglichkeiten dürfen wir feststellen, dass es bereits viele gute Erfahrungen gibt, die Mut zu missionarischer Seelsorge machen.

5. Beteiligung am Apostolat – selbst in die Sendung eintreten

«Wovon das Herz voll ist, davon spricht der Mund.» Dieses Wort aus dem Evangelium (Mt 12,34) gilt gerade für den religiösen Bereich. Wer erfüllt ist vom Reichtum der Frohen Botschaft, fühlt sich gedrängt, ihn mit anderen zu teilen. «Wir können unmöglich schweigen über das, was wir gesehen und gehört haben», beteuern die Apostel vor dem Hohen Rat (Apg 4,20). Die Möglichkeiten, vom Glauben zu sprechen, sind so bunt und vielfältig wie die Situationen unseres Lebens, in die wir gestellt sind. Auf das Zeugnis des Lebens und des Wortes wurde bereits hingewiesen. «Evangelii Nuntiandi» nennt noch ausdrücklich die Verpflichtung der Christen «zu neuem Apostolat». Hier wiederholt sich gewissermassen der Zirkel von Lebenszeugnis und Zeugnis des Wortes: Aus dem Eintritt in die Gemeinschaft der Kirche und dem Empfang der Sakramente resultiert erneut der Auftrag zum Apostolat. Aus der Sammlung wird erneut Sendung.

5.1. Die Welt in Gott gestalten und verändern

In vielfältiger Weise, in den sozialen wie in den kulturellen Bereichen des Lebens, also in Beruf und Freizeit, wird der Christ selbst zum «Apostel», zum Gesandten Christi (vgl. 2 Kor 5,20); jeder persönlich in seinem eigenen Lebensbereich, aber auch gemeinsam mit anderen. Christen sind ja mitverantwortlich für die Atmosphäre, die in der heutigen Gesellschaft herrscht, damit menschengerechte Verhältnisse entstehen können und die Art, wie wir miteinander umgehen, menschenfreundlicher wird.

Unersetzlich sind die vielen Frauen und Männer, die sich für einen Dienst in der Pfarrgemeinde zur Verfügung stellen. Ohne ihre Hilfe im Pfarrgemeinderat, in den Ausschüssen, in der Mitgestaltung der Gottesdienste, als «Tischeltern» bei der Vorbereitung auf Erstkommunion und Gruppenbegleiterinnen und -begleiter bei der Firmung und ohne die vielfältigen Einsätze vom Kirchenchor bis zum Altardienst wäre ein Pfarrleben nicht denkbar. Somit sind alle ein lebendiges Zeugnis des Glaubens und künden von der Botschaft Jesu, der gekommen ist, den Menschen zu dienen.

Einen besonderen Reichtum kirchlichen Lebens in Deutschland stellen die Verbände dar, die ihren Ort am Schnittpunkt von Kirche und Gesellschaft haben. Dies gibt ihnen insbesondere die Möglichkeit, den christlichen Weltauftrag spezialisiert wahrzunehmen. Indem die Verbände Überzeugungen des christlichen Glaubens und seine Wertvorstellungen in die verschiedenen Räume von Staat, Kultur und Gesellschaft durch Wort und Tat einbringen, sind sie und mit ihnen die Kirche missionarisch geprägt. Selbst wenn die Mitgliederzahlen eines Verbandes abnehmen, dürfen wir hoffen, dass auch profilierte Minderheiten in der Gesellschaft wahrgenommen werden und Einfluss nehmen können. Wer sich der Bedeutung des christlichen Beitrags für die Gesellschaft bewusst wird, verliert Ängstlichkeit und Kleinmut. Christliche Werte der Solidarität und Geschwisterlichkeit sind gerade in einer Welt des Konkurrenzkampfes, der Vereinsamung und Vermassung von besonderer Bedeutung, soll die Gesellschaft als humaner Lebensraum erhalten bleiben. Dass Solidarität und soziale Gerechtigkeit heute globale Fragen sind, wird durch das Engagement von Verbänden und Dritte-Welt-Gruppen vielfach bewusst gemacht.

5.2. Dienst an Hilfsbedürftigen

In jeder Epoche haben Frauen und Männer in christlicher Verantwortung die Gesellschaft verändert. Christlich geprägte soziale Bewegungen bemühen sich um den unterdrückten und ausgenutzten Menschen und setzen sich für mehr soziale Gerechtigkeit ein. Zahlreiche Ordensgemeinschaften versuchen, die auch heute vorhandene vielfältige Not zu lindern.

Eine grosse Gabe und Aufgabe der Kirche ist die Caritas. Hier wird ihr in der Gesellschaft Kompetenz zugestanden, weit über den kirchlichen Bereich hinaus. Die Caritas bringt eine Fülle von Diensten in die Gesellschaft ein und hat ein Netz von Hilfeleistungen für Notsituationen geknüpft, die von der öffentlichen Hand nicht mehr aufgefangen werden. Darin liegt die Chance, deutlich zu machen, dass Gottes Liebe zu den Menschen diese Welt gestalten und verändern will und kann.

Kirchliche Caritas erfüllt ihre Aufgabe auf zweierlei Weise. Die organisierten und professionell ausgestatteten Einrichtungen christlicher Hilfsbereitschaft sind ebenso unverzichtbar wie die caritativen Aktivitäten der Pfarrgemeinden, Gemeinschaften und Verbände, Nachbarschaften, Familien und einzelner Christen. Es braucht offene Augen, Spontaneität und direkte Zuwendung, um die Nöte der Menschen zu entdecken und aufzufangen. Es ist eine wichtige Aufgabe aller, sich der Menschen in Not in besonderer Weise anzunehmen. Letztlich gilt die allen Menschen erwiesene Hilfe und Liebe Jesus Christus selbst (vgl. Mt 25,31–46).

5.3. Eine Brücke vom Evangelium zur Kultur

Neben der Caritas gilt es daran mitzuwirken, die Lebensräume der Menschen zu gestalten, also die Kultur zu prägen. Der Begriff «Kultur» wird hier in einem weiteren «anthropologischen» Sinn verstanden als Inbegriff von Wissen, Glauben, Kunst, Moral, Gesetz, Sitte und allen übrigen Fähigkeiten und Gewohnheiten, welche der Mensch als Glied der Gesellschaft sich angeeignet hat.

In diesem umfassenden Sinn von Kultur bezeichnet Paul VI. den «Bruch zwischen Evangelium und Kultur» als «das Drama unserer Zeitepoche»: «Man muss … alle Anstrengungen machen, um die Kultur, genauer die Kulturen, auf mutige Weise zu evangelisieren. Sie müssen durch die Begegnung mit der Frohbotschaft von innen her erneuert werden» (EN 19). Die Frohbotschaft betrifft also das Lebensgefühl, das Selbstverständnis der Menschen einer Zeit und alle Formen der Lebensgestaltung. Kultur ist der Raum, den das Evangelium prägen soll, in den es sich «inkulturiert».

Das Evangelium fordert die Kultur einer Zeit heraus, bestätigt sie in dem, was wertvoll ist, korrigiert sie dort, wo sie inhuman zu werden droht. Im Letzten geht es darum, dass Menschen erfahren, wie die Frohbotschaft ihren Lebensentwürfen Sinn und Hoffnung vermittelt. Die Botschaft, dass Gott uns Raum gibt und dass er gekommen ist, um bei uns Raum zu finden, ist letztlich Sinn und Hoffnung jeder menschlichen Kulturleistung.

Eine exemplarische Bedeutung in der Gestaltung des kulturellen Lebens kommt den katholischen Schulen zu, in denen junge Menschen herangebildet werden, die durch ihre christliche Überzeugung, wo immer sie tätig sein werden, die Gesellschaft nachhaltig mitprägen können. Aber auch in den staatlichen Ausbildungsstätten vermögen überzeugte katholische Lehrer und Lehrerinnen wie ein Sauerteig zu wirken.

Manchmal wird das christliche Brauchtum in Familie und Gemeinde übersehen, oder man schätzt es gering. Und doch wird dort erlebnismässig vertieft, was unser Glaube ist. Die Kirche will die Botschaft des

Evangeliums und die Geheimnisse des Glaubens im Laufe des Jahreskreises immer neu erlebbar machen. Sie führt Menschen aller Bildungsstufen und Gesellschaftsschichten, Erwachsene wie Kinder, durch grosse und kleine Feste in das Geheimnis der Erlösung ein. Besonders die Lesungen aus der Heiligen Schrift geben im Verlauf des Kirchenjahres bzw. mehrerer Lesejahre einen umfassenden Einblick in die Heilsgeschichte Gottes mit seinem Volk. Die lebendige Mitfeier des Kirchenjahres ist eine bewährte Einführung ins Christentum und eine hilfreiche Begleitung im Glauben.

Dieser Gang durch das Kirchenjahr lässt auch das Leben im Alltag mit einschwingen. Die Gläubigen werden angeregt, in Familie und Nachbarschaft das, was sie im Gottesdienst erfahren haben, weiter zu feiern und zu vertiefen. Dabei wird das profane Leben beeinflusst. Auf diese Weise kann sich dann aus der Verbindung von Glaube und Leben eine christliche Alltagskultur entwickeln, die Menschen prägt und die sogar noch gepflegt wird, wenn die Bindung an Glaube und Kirche lockerer wird. Hier böten sich geeignete Anknüpfungspunkte, auf die Wurzeln dieser Riten und Gebräuche zu verweisen und zu einer neuen Begegnung mit der Kirche einzuladen. Umfassende Verkündigung kann dazu beitragen, dass sich neues, der Zeit und den gesellschaftlichen Gegebenheiten entsprechendes Brauchtum zu entwickeln vermag. Denn eine lebendige religiöse Kultur und Volksfrömmigkeit ist eine Stütze im Glaubensleben einer Gemeinschaft (vgl. EN 48).

5.4. Sendung der Orden

In den Zeiten grosser pastoraler Herausforderungen nehmen Frauen und Männer den Ruf Gottes in besonderer Weise auf, das Evangelium zu leben und zu lehren. Auf diese Weise entstehen apostolisch und kontemplativ geprägte Ordensgemeinschaften, und sie verstehen sich als eine Antwort auf den Ruf Gottes zu missionarischem Dienst. Sie stellen sich der Herausforderung, ihr Charisma unter den jeweiligen Bedingungen von Kirche und Gesellschaft auszuprägen. In der missionarischen Sendung der Kirche kann sich an ihrem Leben die Werteordnung des Evangeliums ablesen lassen. Sie stehen nicht am Rand der Kirche, sondern sind sichtbare Zeichen gelebten Evangeliums. Ein Prozess ständiger Erneuerung aus den Quellen ihrer Spiritualität unter den Bedingungen unserer Zeit ist ihnen aufgetragen.

5.5. Auch für andere den Glaubensweg gehen

Wer glaubt, wer betet, wer den Weg des Glaubens geht und wer anderen dazu verhilft, diesen Weg mitzugehen, tut das nicht allein. Wir können ein solches Leben nur leben in der Verbundenheit mit Jesus Christus und seiner Kirche. Es ist für den glaubenden Menschen lebensnotwendig, Eucharistie zu feiern, Gott zu loben, ihm zu danken und ihn zu bitten, auch wenn wir dabei feststellen müssen, als Christen einer Minderheit anzugehören. Diese Erfahrung machen nicht wenige auch in ihrem engeren Lebenskreis der Familie und im Freundeskreis. Diejenigen, die sich zu einem Leben in der Kirche entschieden haben, leben ihr Christsein nicht nur für sich selbst, sondern immer auch für andere. Ihre Weggemeinschaft in der Kirche wird zur Stellvertretung für die, die ihnen anvertraut sind und die diesen Weg nicht mitgehen wollen oder können. Dies gilt für die Einzelnen, für die Pfarrgemeinden und für alle Gemeinschaften von Christen. Stellvertretung im Lob Gottes und im Gebet für die Menschen ist eine erste und grundlegende Form missionarischer Sendung. Wie Christus auf seinem Weg vom Vater in die Welt und aus der Welt zum Vater grundsätzlich alle einbezogen hat, so sind auch die Christen aufgerufen, ihren christlichen Weg mit allen und für alle Menschen zu gehen. Für die christlichen Eltern, die miterleben müssen, wie ihre Kinder sich vom Glauben entfernen, mag es ein Trost sein zu wissen, dass durch das unermüdliche Gebet und unaufdringliche Zeugnis des Lebens die Einladung zum Glauben lebendig bleibt.

Rückblick und Ausblick

«Ein Sämann ging aufs Feld, um zu säen.» Ein längerer Weg wurde abgeschritten, um die in diesem biblischen Bild angedeutete Dimension einer missionarischen Verkündigung in den Blick zu bekommen. Vieles konnte nur angedeutet werden, anderes ist unausgesprochen geblieben. Dennoch hat das biblische Gleichnis geholfen, die drei wesentlichen Aspekte des Vorgangs «Mission» zu bedenken: das Ackerfeld, auf dem der Same ausgestreut werden muss; die innere Einstellung des Sämanns, der in Gelassenheit und mit Zuversicht das Samenkorn diesem Acker anvertraut; und schliesslich den Vorgang des Wachsens und Reifens der Saat, der den Gedanken des Weges und Sich-Entwickelns mit einbezieht, ohne den missionarische Verkündigung weder früher noch heute vorstellbar ist.

Vermutlich verliert in unserer Generation eine Gestalt des Christwerdens ihre Dominanz: die vornehmlich pädagogisch vermittelte Gestalt der Weitergabe des christlichen Glaubens, die seit dem Beginn der Reformationszeit bzw. der Gegenreformation bestimmend gewesen ist, ähnlich wie seit frühmittelalterlichen Zeiten die «soziale» Gestalt der Glaubensvermittlung vorherrschend gewesen war. Wir treten jetzt in eine Zeit ein, in der christlicher Glaube missionarisch-evangelisierend in der Generationenabfolge weitergegeben werden muss. Damit nähern wir uns – freilich in einem völlig anderen gesellschaftlichen Umfeld – in bemerkenswerter Weise wieder der Situation des Christentums in den ersten drei Jahrhunderten seines Bestehens an. Dort trafen die Menschen, die sich einer christlichen Gemeinde anschlossen, in der Regel die Entscheidung für Taufe und Nachfolge Christi eigenständig. Selbst wenn schon sehr früh auch Kleinstkinder (im Rahmen der antiken Grossfamilie) getauft wurden, so war der Anschluss an die christliche Kirche für den Einzelnen eben doch nicht selbstverständ-

lich. Angesichts der «Fremdheit» des Christlichen in einer religions-
gesättigten Welt der Spätantike – übrigens eine interessante Parallele
zum heutigen «Religionsboom» in einer nachchristlichen Gesellschaft
– waren die Interessierten immer wieder neu herausgefordert, sich bewusst für den «Mehrwert» des Christlichen zu entscheiden. Dahin
wird sich wohl auch die Pastoral in Zukunft entwickeln.

Das Thema «missionarische Pastoral» liegt in der Luft. Allenthalben –
nicht nur in der katholischen Kirche, sondern auch im ökumenischen
Umfeld – spürt man das drängender werdende Fragen nach der missionarischen Kraft des Evangeliums. Auch aus anderen Ortskirchen,
in Europa und weltweit, kommen wichtige Anstösse zur Erneuerung
einer missionarischen Pastoral. Dieses drängende Thema darf nicht
nur Einzelnen oder wenigen Gruppen in den Kirchen überlassen bleiben. Das vorliegende Schreiben versteht sich als ein Beitrag zu diesem
immer aktueller werdenden Gespräch.

Abkürzungen

AKD	Allgemeines Direktorium für die Katechese vom 15. August 1977 (= Verlautbarungen des Apostolischen Stuhls 130)
EN	Apostolisches Schreiben «Evangelii Nuntiandi» vom 8. Dezember 1975, jetzt in: Texte zu Katechese und Religionsunterricht (= Arbeitshilfen 66)
LG	Kirchenkonstitution des Zweiten Vatikanischen Konzils «Lumen gentium»
Umkehr und Versöhnung	Umkehr und Versöhnung im Leben der Kirche. Orientierungen zur Busspastoral vom 1. Oktober 1997 (= Die deutschen Bischöfe 58)

Brief eines Bischofs aus den neuen Bundesländern über den Missionsauftrag der Kirche für Deutschland

Liebe katholische Mitchristen!

Unserer katholischen Kirche in Deutschland fehlt etwas. Es ist nicht das Geld. Es sind auch nicht die Gläubigen.

Unserer katholischen Kirche in Deutschland fehlt die Überzeugung, neue Christen gewinnen zu können.

Das ist ihr derzeit schwerster Mangel. In unseren Gemeinden, bis in deren Kernbereiche hinein, besteht die Ansicht, dass Mission etwas für Afrika oder Asien sei, nicht aber für Hamburg, München, Leipzig oder Berlin.

Im Normalfall vertrauen wir als Mittel der «Christenvermehrung» auf die Taufe der Kleinstkinder. Dagegen ist im Grunde auch nichts zu sagen. Es ist freilich heutzutage nicht das Selbstverständlichste von der Welt – weder in Thüringen noch in Bayern –, dass alle als Kleinstkinder Getauften auch wirklich «nachhaltig» Christen werden. Manche katholische Eltern spüren das selbst sehr schmerzlich, wenn sie sehen, wie sich ihre Kinder trotz allen Bemühens von der Kirche entfernen. Wir trösten uns dann schnell mit dem Spruch: «Die Verhältnisse heute sind eben so!» Und von manchen wird noch nachgeschoben: «Die Kirche ist ja z. T. selbst daran schuld!», wobei gemeint ist, dass sie sich eben nicht genug heutigen Lebenseinstellungen und Gewohnheiten anpasse.

Es ist eine Tatsache, dass religiöse Vorgaben, überhaupt gesellschaftliche Gepflogenheiten, heute nicht mehr so fraglos übernommen werden wie in vergangenen Generationen. Darüber zu klagen, ist wenig sinnvoll. Es ist einfach so, und wir beobachten solches Verhalten auch an uns selbst.

Dies bringt, so meine ich, eine entscheidende Chance mit sich: *Der christliche Glaube wird wieder neu zu einer echten persönlichen Entscheidung.* Das Traditionschristentum wandelt sich mehr und mehr zu einem Wahlchristentum. Damit rücken wir wieder an die Ursprungszeit des Christentums heran, in der der Taufe die persönliche Bekehrung voranging – ohne dass die ständige Umkehr nach der Taufe unnötig wurde!

Nun wissen wir: Bekehrungen sind nicht zu «machen». Sie stellen sich nicht auf Befehl ein. Nur Gott allein kann Menschen zu Umkehr und Lebenserneuerung bewegen. Doch ist – und dieser Gedanke bewegt mich zu diesem Brief – diese Aussage kein Alibi dafür, die Hände in den Schoss zu legen und auf das göttliche Wunder einer automatischen «Christenvermehrung» zu warten.

Wir alle stehen in der Sendung Jesu. Er verstand sich als der «Bote Gottes», als «Evangelist» für sein Volk und die Menschen seiner Zeit. Er hat die Jünger, und somit auch uns, eindringlich aufgefordert, selbst seine Boten für die Zeitgenossen zu werden. «Macht alle Menschen zu meinen Jüngern!», ruft der auferstandene Herr auch der Kirche unserer Tage zu. Und das ist durchaus programmatisch gemeint.

Wie antworten wir auf diese Aufforderung? Sagen wir wie die Jünger nach erfolglosem Fischfang: «Meister, wir haben die ganze Nacht gearbeitet und nichts gefangen.»? Ein Pfarrer sagte mir einmal halb ernst, halb scherzhaft: «Ich habe hier an meinem Ort mit ‹fortlaufendem Erfolg› gearbeitet!» Und er meinte damit, dass sich die Katholikenzahl in den letzten zwanzig Jahren seines Wirkens um die Hälfte verringert hat. Die Jünger belassen es bekanntlich nicht bei ihrem resignativen Stossseufzer. Petrus, als ihr Sprecher, rafft sich in dieser biblischen Szene auf und fügt hinzu: «Doch wenn Du es sagst, werde ich (noch einmal) die Netze auswerfen!» Das klang zwar auch nicht sonderlich begeistert, aber es war immerhin ein Anfang!

Ich habe die Vision einer Kirche in Deutschland, die sich darauf einstellt, wieder neue Christen willkommen zu heissen. Diese Vision wird hier und da schon Realität. Im Jahr 1998 wurden in allen deutschen Diözesen 248 000 Kleinstkinder getauft, aber auch 3500 Jugendliche bzw. Erwachsene. Je mehr sich Menschen, zum Teil schon in der zweiten und dritten Generation, von der Kirche entfernt haben, desto mehr wird es Einzelne geben, die sich aufgrund persönlicher Entscheidung Gott und der Kirche zuwenden wollen. Es wird in Zukunft Frauen und Männer geben, die – obwohl getauft, aber später nicht voll in die Kirche eingegliedert – das Verlangen haben, als Erwachsene diese «Einführung in das Christsein» nachzuholen. Es gibt nicht nur Menschen, die die Kirche (in der sie oft gar nicht richtig verwurzelt waren) verlassen. Es gibt zunehmend auch Zeitgenossen, die nach dem «Eingang» fragen, der in die Kirche hineinführt. Es ist entscheidend, wen sie in diesem Eingangsbereich treffen. Es wird wichtiger werden als bisher, wie sie dort empfangen werden.

Was muss geschehen, damit die katholische Kirche in unserem nun geeinten Deutschland wieder Mut fasst, ihren dringenden Auftrag anzugehen? Die Kirche ist nicht um ihrer selbst willen da. Sie soll Gottes Wirklichkeit bezeugen und möglichst alle Menschen mit Jesus Christus, mit seinem Evangelium in Berührung bringen.

Eine verdrossene und von Selbstzweifeln geplagte Kirche kann das freilich nicht; auch nicht eine Kirche, die sich vornehmlich mit sich selbst beschäftigt. Was ist zu tun?

Aus Verdrossenheit und Selbstzweifeln kommt man am schnellsten heraus, wenn man sich einer lohnenden Aufgabe zuwendet, noch besser: wenn man sich einem Mitmenschen zuwendet. Auf unsere Kirche, besonders in den neuen Bundesländern, aber eben nicht nur dort, wartet eine solche lohnende Aufgabe. Es warten Menschen auf unser Lebenszeugnis. Sie warten darauf zu erfahren, was Jesus Christus für uns im Alltag unseres Lebens bedeutet. Sie warten nicht nur darauf, sie sind schon dabei, dies unauffällig, aber kritisch-interessiert zu beobachten.

«Zuwendung zu den Menschen» – natürlich geschieht das immer schon in unseren Diözesen, Tag für Tag, durch Tausende Frauen und Männer – ausdrücklich im Auftrag der Kirche oder einfach als Mensch unter Mitmenschen. Auf diese Präsenz unserer Kirche mitten in der Gesellschaft – im Geist und in der Gesinnung Jesu – bin ich stolz. Das ist der eigentliche Reichtum der Kirche.

Meine Frage lautet: Wäre dieses «Kapital» nicht zu nutzen? Ist in dieser Zuwendung zu den Menschen nicht angelegt, was wir «Mission» und «Evangelisierung» nennen? Ich gebe zu: Diese Begriffe haben für manche Zeitgenossen, auch für manche Katholiken einen Unterton, der nach Belehrung, ja nach Indoktrination riecht. Wir sollten daher bei ihrem Gebrauch vorsichtig sein. «Mission» heisst für mich schlicht: das weitersagen, was für mich selbst geistlicher Lebensreichtum geworden ist. Und «Evangelisieren» meint: dies auf die Quelle zurückführen, die diesen Reichtum immer neu speist: auf das Evangelium, letztlich auf Jesus Christus selbst und meine Lebensgemeinschaft mit ihm. Nicht die Begriffe sind wichtig. Es geht um die gemeinte Sache.

Um es einmal in einem Bild zu sagen: Wer zu einem Fest einladen will, wird sich um drei Dinge zu sorgen haben:
1. dass seine Einladung glaubwürdig ist;
2. dass sie wirklich «ankommt» und
3. dass sie Vorfreude weckt.

Ich wage diesen Vergleich im Umfeld des Themas «missionarische Kirche» heranzuziehen, weil Jesus selbst in seinen Gleichnissen häufig das Bild vom «Gastmahl» benutzt hat. Damit hat er Gottes Absichten mit uns Menschen verständlich zu machen gesucht.

Von diesem Bild «Einladung zu einem Fest» ausgehend, skizziere ich *drei Herausforderungen* für eine «missionarische und evangelisierende Kirche» in Deutschland:

I. Neu entdecken, dass der Glaubensweg in der Nachfolge Jesu freisetzt und das Leben reich macht

Am Beginn jeder Evangelisierung der Welt steht unsere «Selbstevangelisierung». Wir sind als Christenmenschen auf einem Weg. Wir stehen nicht am Anfang. Wir haben schon vom Evangelium «geschmeckt». Wir haben schon gute Erfahrungen mit Gott und dem Christsein gemacht. Und genau diese durchaus anfanghaften und scheinbar so unbedeutenden eigenen Erfahrungen sind die Grundlage für unsere Befähigung, das Evangelium für andere interessant werden zu lassen.

Für mich kann ich bezeugen: Die geistige Armut des alten ideologischen Systems im Osten Deutschlands hat mich meinen katholischen Glauben als Bereicherung erfahren lassen. sein Menschenbild, seine Welt- und Lebensdeutung, seine sittlichen Grundsätze und kulturellen Ausprägungen. Ich habe mich als katholischer Christ in den DDR-Jahren «freigesetzt» gefühlt, nicht: «kirchlich gebunden». Nach zehn Jahren Erfahrung mit der «Nachwende-Gesellschaft» und ihren (zugegeben!) andersartigen «Torheiten» habe ich bis heute noch keinen Grund gefunden, diese Einschätzung zu revidieren. Sind ähnliche Erfahrungen nicht auf andere Weise auch «im Westen» gemacht worden?

Meine Erfahrung ist: Nichtkirchliche Zeitgenossen reagieren dort sehr aufmerksam, wo Christen in Gesprächen, in Alltagsbegegnungen mit eigenen Lebenserfahrungen «herausrücken». Persönliches interessiert immer! «Wie hast du das gepackt?» – «Wie ist es dir damit ergangen?» Christen, die andere an ihrem Leben teilhaben lassen, gerade auch, wenn es nicht glatt und problemlos verläuft, sind für ihre Umwelt interessant. Unser eigener, ganz persönlicher Gottesglaube, auch mit seinen Zweifeln und Fragen, muss «sprechend» werden – in Worten und Taten. Wer die Höhen und Tiefen seines eigenen Lebens mit österlichen Augen ansehen und deuten kann, kann auch anderen helfen, die eigene Biografie in neuem Licht zu sehen.

Wo dieses «Zeugnis des Lebens» gegeben wird, da öffnen sich Türen und Herzen. Da bekommen andere Mut, ebenfalls christliches Verhalten zu «erproben». Da erhalten alte Worte auf einmal wieder neuen Glanz, Worte etwa wie: Ehrfurcht und Staunen, Mitleid und Fürsorge, Selbstbegrenzung und Mass, um nur einige christliche Grundhaltungen zu nennen, die derzeit wieder hoch aktuell sind. Wir sind reicher, als wir meinen. Christen wissen um Hoffnungsgüter, von denen die Zukunft leben wird.

Das führt mich zu einer zweiten Herausforderung für uns Katholiken in Deutschland:

II. Häufiger, selbstverständlicher und mit «demütigem Selbstbewusstsein» von Gott zu anderen sprechen

Ist das ein zu verwegener Gedanke? Mir ist bewusst: Die Menschen sind heute gegenüber Werbung, zumal wenn diese sich zu aufdringlich gibt, kritisch. Das gilt auch gegenüber religiöser Werbung. Die Menschen wollen nicht das Gefühl haben, als «Mitglieder», womöglich für eine Grossorganisation, angeworben, gleichsam «vereinnahmt» zu werden.

Vielen Zeitgenossen erscheint unsere Kirche als eine Art «Grosskonzern», als eine Art «global player», dem es durchaus mit Respekt, aber eben auch mit der nötigen Vorsicht zu begegnen gilt. Anders ist es, wenn Menschen von der Kirche «Gesichter» sehen. Und das sollte möglichst nicht nur der Papst sein. Mein Standardbeispiel für dieses Verlangen ist der Ausruf eines Kranken, den der Gemeindepfarrer nach längerer Zeit nun doch besuchen kam und der den Seelsorger mit dem freudigen Satz begrüsste: «Das ist aber schön, Herr Pfarrer, dass die Kirche (!) einmal nach mir schaut!» Wir sind für mehr Leute «Kirche», als wir ahnen!

Gibt es für uns alle nicht tausend Möglichkeiten, so nach den Menschen zu schauen – mit den Augen Jesu, mit der Bereitschaft, wie er in Wort und Tat zu sagen: «Bruder, Schwester, komm – steh auf!» – «Lass dir sagen: Du bist nicht allein! Du bist angenommen! Du bist gewollt! Du bist geliebt!» In solchen Worten ist für mich das ganze Evangelium auf den Punkt gebracht. Denn es sind Worte, die eben nicht wir sprechen, sondern die durch uns Christus, der Herr, zu den Menschen spricht.

Es gibt in unseren gesellschaftlichen Breiten die verständliche Scheu, vorschnell religiöse Vokabeln zu gebrauchen. Doch darf diese Scheu nicht dazu führen, dass wir geistlich «stumm» werden. Folgende Erfahrung sollte uns Mut machen: Wirklich Authentisches hat auch heute seine Faszination! Wer einen anderen wirklich gern hat, wer ihm von Herzen gut sein will, der wird die rechte Art und Weise finden, ihn auch mit Gott und seiner Liebe in Berührung zu bringen. Und zwar «ausdrücklich», denn unser Gott hat ein «Gesicht» und einen Namen, den man anrufen kann.

Wer einmal Pfarrgemeinden in der so genannten «Dritten Welt» oder auch in Osteuropa besucht hat, der hat dort unter Umständen eine Unbefangenheit und Selbstverständlichkeit des Christseins kennen gelernt, die hierzulande kaum noch anzutreffen sind. Mit Freude, ja mit Stolz «zeigen» dort die Menschen ihr Christsein. Sie, die oftmals materiell sehr arm sind, können uns mit ihrer ungekünstelten Freude und Einfachheit wirklich «reich» machen. Nach solchen Begegnungen spü-

re ich deutlicher als jetzt am Schreibtisch, was uns Katholiken in
Deutschland fehlt.

Und eine dritte Herausforderung sollte einer «missionarischen Kirche» vor Augen stehen, oder besser gesagt: Wir brauchen als Kirche
eine Vision:

III. Die Vision des «Festes», zu dem Gott uns alle einladen will

Wir brauchen die Vision Jesu vom Gottesreich, das schon hier und
jetzt, mitten unter uns da ist. Etwa in der Art und Weise, wie wir jetzt
Gottesdienst feiern, wie wir uns begegnen, wie wir miteinander und
mit unseren Problemen umgehen, wie wir anderen, nichtkirchlichen
Zeitgenossen begegnen. In all diesen scheinbar alltäglichen Dingen
kann sich «Reich Gottes» ankündigen, auch wenn wir durchaus realistisch unsere menschliche Unzulänglichkeit und erbsündliche Gebro-
chenheit mit in Rechnung stellen.

Noch kürzer gesagt: Wer mit Kirche zum ersten Mal in Berührung
kommt, sollte damit rechnen dürfen, willkommen zu sein. Das «Bo-
denpersonal Gottes» darf nicht kleinlich sein, wenn Gott selbst grosszügig ist. Kirche ist zwar nicht für alles, aber doch «für alle» da. Die
Kerngemeinde muss beispielsweise lernen, auch mit den kirchlich
nicht ganz «Stubenreinen» gut umzugehen. Hier tun wir uns bekanntlich sehr schwer. Auch unabhängig von der Frage nach der Zulassung
zu den Sakramenten müssen die Menschen spüren: Wir sind in der Gemeinde willkommen. Zeichen des «Willkommen-Seins» sind ja nicht
nur die Sakramente. Der ganze Bereich der aussersakramentalen Zeichen, die ja auch «Gottesberührungen» sind, wird zunehmend an Bedeutung gewinnen. Gerade auf diesem Feld hat unsere katholische
Kirche eine reiche Erfahrung. Diese gilt es zu nutzen und weiterzuent-
wickeln.

Wir brauchen in unseren Ortskirchen «Biotope des Glaubens», existenziell glaubwürdige «Lernfelder», in denen christliche Lebenshal-
tungen eingeübt werden können. Das werden vornehmlich unsere
Pfarrgemeinden mit ihren Lebenszellen sein, etwa kleinere Gruppen,
in denen z. B. erwachsene Taufbewerber begleitet werden. Aber wir
müssen im Blick auf die «bunten» Lebenssituationen der Menschen
uns vermutlich noch andere christliche «Milieuformen» in dieser postmodernen Gesellschaft einfallen lassen.

Ich denke an die vielen Ungläubigen und «Halbgläubigen», die in Zukunft vermehrt mit der Kirche Berührung suchen werden, etwa beim
festlichen Weihnachtsgottesdienst, bei der Einschulung ihrer Kinder,
bei der Beerdigung eines Angehörigen, in eigener Krankheit oder
manch anderen Situationen. Es gibt Erwartungen an die Kirche, die
wir nicht leichthin abtun sollten. Wir sind nicht nur für die «Hundert-
prozentigen» da. Wir sind es ja bekanntlich selbst nicht!

Es muss sich in unserem ortskirchlichen Umfeld herumsprechen: «Da
bei der Kirche gibt es Leute, da kannst du einmal hingehen!» – «Dort
wirst du gut behandelt! Da hat man für dich und deine Anliegen ein
Ohr!» Die Pfarrgemeinde, das Pfarrhaus, die Verbandsgruppe, andere
kleine Lebensgruppen von Gläubigen müssen als «Orte» gelebter
Christlichkeit, als «Orte» des Erbarmens, möglicher menschlicher
«Annahme», der mitmenschlichen Nähe bekannt sein. Derzeit ist die
Kirche leider mehr im Verdacht, die Menschen zu verschrecken und
ihnen das Leben zu vermiesen, als sie für Gott und füreinander frei-
zusetzen. Diesem Grundverdacht muss energisch entgegengewirkt
werden. Dass aus einer derartigen «Kirche-Berührung» dann auch eigene Lebensumkehr folgen muss, steht auf einem anderen Blatt. Umkehr erwächst freilich aus Annahme, nicht umgekehrt. Und jede «Annahme», auch jene, die Anforderungen stellt und einen Neuanfang in

den Blick nimmt, ist heute für die Menschen wie ein Fest inmitten einer oft harten und unmenschlichen Welt.

Sie werden sagen: Der Bischof hat gut reden. Kennt er wirklich die Probleme? Weiss er, wie heute von Kirche und Papst, von Gott und Christentum geredet wird? Hat er die «Stacheldrahtverhaue» und «Minenfelder» im Blick, die heutzutage eine Erwachsenentaufe nahezu zu einem Wunder machen?

Ich antworte: ja und nein. Manches an Anfechtungen habe ich auf meinem eigenen Glaubensweg in den DDR-Zeiten erlebt. Manches erfahre ich in meiner eigenen Verwandtschaft, in der junge Leute zur Kirche auf Distanz gehen. Anderes wissen Sie, liebe Mitchristen, vermutlich noch besser!

Ich lade Sie ein, in Ihrem Gemeinde- und Lebensumfeld über diesen Brief zu sprechen und mir gegebenenfalls ein schriftliches «Echo» zu geben.[3] Sind die Zielvorgaben, die ich hier vorgetragen habe, für die katholische Kirche in Deutschland realistisch? Wo sehen Sie konkrete Möglichkeiten, ihnen näher zu kommen? Gibt es Hoffnung, neu oder noch überzeugender unsere Kirche zu einer Kirche des «Willkommens» für die Menschen zu machen?

Dass eine Ortskirche nicht wächst, mag auszuhalten sein, dass sie aber nicht wachsen will, ist schlechthin unakzeptabel. Teilen Sie dieses Urteil? Wenn ja, dann muss uns Katholiken in Deutschland zum Thema «missionarische Kirche» mehr einfallen als bisher.

In der Zuversicht, dass dies möglich ist, grüsst Sie

Bischof Joachim Wanke aus Erfurt

---

3   Bischof Joachim Wanke, Postfach 100662, D-99006 Erfurt, oder: zspastoral@dbk.de

Hermann Kochanek
Missionarische Pastoral[1]
Zukunftsweisendes Dokument der Deutschen Bischofskonferenz:
«Zeit zur Aussaat». Missionarisch Kirche sein[2]

Am 20. Dezember 2000 wurde eine gewichtige Erklärung der deutschen Bischöfe unter dem Titel: «Zeit zur Aussaat. Missionarisch Kirche sein» vom Vorsitzenden der deutschen Bischofskonferenz, Kardinal Dr. Karl Lehmann, und dem Vorsitzenden der Pastoralkommission
innerhalb der Bischofskonferenz, Bischof Dr. Joachim Wanke, in einer
Pressekonferenz in Berlin der Öffentlichkeit vorgestellt.

I. Christen vor neuen Herausforderungen

Diese Erklärung ist für die deutsche Ortskirche die konsequente Entfaltung und Weiterführung des lange Zeit wenig beachteten Apostolischen Schreibens Pauls VI. «Evangelii Nuntiandi». In enger Verbindung dazu steht auch das Schreiben von Bischof Dr. Joachim Wanke,
der aus einem Bundesland (Thüringen) stammt, in dem die Christen
eine religiöse Minderheit darstellen. In Form eines persönlichen Brie-
fes wendet er sich an die Christinnen und Christen in Deutschland und
stellt unumwunden fest, dass es nicht an Geld, auch nicht an Gläubi-

---

1   Leicht veränderte Fassung eines Artikels, der erstmals im Pastoralblatt 53 (2001) 291–301, er-
    schienen ist.
2   In diesem Buch S. 61–114. Seitenzahlen im Text beziehen sich im Folgenden auf die Seitenzah-
    len des Dokumentes in diesem Buch.

115

gen fehlt, wohl aber an «Überzeugung, neue Christen gewinnen zu
können» (S. 105). Mit diesen Worten kennzeichnet der Bischof treffend
ein Problem vieler Katholiken, die sich schwer tun, in ihrem eigenen
Land missionarisch zu wirken, und davor zurückscheuen, andere
Menschen für den eigenen Glauben zu interessieren und sie im Sinne
des Evangeliums anzusprechen. Schon 1948 auf dem 72. Katholikentag in Mainz machte P. Ivo Zeiger SJ die anwesenden Bischöfe, Priester,
Ordensleute und Vertreter der einzelnen Verbände und Vereine sowie
die katholischen Laien darauf aufmerksam, «dass Deutschland als ru-
fendes Missionsland vor uns liegt».[3] Sein Aufruf fand bei den verantwortlichen Bischöfen und den anwesenden Laien aber keinen grossen
Anklang, und so wanderte das Thema bald wieder in den traditionellen Bereich der schon vor dem Krieg praktizierten Volks- bzw. später
so genannten Gemeindemission. Es ging um die Bekehrung der Bekehrten, nicht um die Verantwortung der Bekehrten für die Nichtgetauften und Konfessionslosen, für Nichtchristen und Suchende.
Die Überlegungen von Bischof Wanke zu diesem Thema zeichnen sich
durch Offenheit für die Menschen unserer Zeit und gleichzeitig durch
Nüchternheit gegenüber den vielschichtigen gesellschaftlichen und
kirchlichen Veränderungen aus. Durch seine Sprache, seine nach-
denklichen Beobachtungen und anschaulichen Beispiele rufen seine
Zeilen beim Leser ein wachsendes Interesse am Thema «Mission» hervor. Sie schaffen eine positive Betroffenheit und stellen eine existenzielle Nähe zum Missionsauftrag der Kirche heute her. Seine allgemein
verständlich gehaltenen Überlegungen vermitteln dem Leser einen au-
thentischen Christen, einen besorgten Hirten und mutigen Bischof,
der seine Sorgen und Nöte, aber auch seine Hoffnungen und konkreten

---

3 Ivo Zeiger SJ, Die religiös-sittliche Lage und die Aufgabe der deutschen Katholiken. In: General-
   sekretariat des Zentralkomitees der Katholiken Deutschlands zur Vorbereitung der Katholiken-
   tage (Hrsg.), Der Christ in der Not der Zeit. Der 72. Deutsche Katholikentag vom 1. bis 5. September 1948 in Mainz. Paderborn 1949, 35.

Vorstellungen dem einzelnen Gläubigen wie den Gemeinden unge-schönt mitteilt und zu missionarischer Mitarbeit begeistern will.

II. Ein Beitrag zu einem immer aktueller werdenden Thema

Das Thema «missionarische Pastoral» bekommt nicht nur in den bi-schöflichen Ordinariaten, Seelsorgeämtern und in Pastoralkommissio-nen mehr und mehr Gewicht, sondern steht ebenso in vielen Regionen, Dekanaten und Gemeinden immer öfter auf der Tagesordnung. Auch innerhalb der Ökumene, so z. B. im «Arbeitskreis christlicher Kirchen» (ACK-Konsultationskonferenz: Aufbruch zu einer missionarischen Ökumene, Konferenz u. a. in Hamburg 1999) und in der Evangelischen Kirche Deutschlands (EKD-Synode in Leipzig, 1999), beschäftigen sich zahlreiche Institutionen und Werke, Gruppen und Initiativen intensiv mit dem Thema «Mission» und «Missionarische Verantwortung vor Ort».[4] Auf Konferenzen und Synoden, in Seminaren und auf Fachta-gungen, in Aktionen und Projekten – von verschiedenen Mitgliedskir-chen der EKD und der ACK getragen – stellt dieses Thema eine höchst dringliche Herausforderung dar, der sich die Verantwortlichen in allen christlichen Kirchen, Freikirchen und Denominationen nicht entzie-hen können. Darüber hinaus weist das Schreiben auf Entwicklungen

---

4 Vgl. dazu die folgenden Veröffentlichungen:
– Reden von Gott in der Welt. Der missionarische Auftrag der Kirche an der Schwelle zum 3. Jahrtausend. Hrsg. vom Kirchenrat der Evangelischen Kirche in Deutschland im Auftrag des Präsidiums der Synode. Frankfurt/M.; Hannover 2000. Der Text ist dokumentiert in: epd-Dokumentation Nr. 49/99. Frankfurt/M. 1999;
– Lade Deine Nachbarn ein. Informationen/Modelle/Impulse aus der Arbeitsgemeinschaft christlicher Kirchen. Hrsg. von der Ökumenischen Centrale in Deutschland. Frankfurt/M. 1999;
– Gemeinsam zum Glauben einladen. Aufbruch zu einer missionarischen Ökumene. Ein Impuls-heft für Gemeinden und ökumenische Gesprächs- und Arbeitskreise. Hrsg. von der ökume-nischen Centrale ACK-Arbeitsgruppe Missionarische Ökumene. Frankfurt/M. 1999;
– Reader: Aufbruch zu missionarischer Ökumene. Auf dem Weg zu einem missionarischen Pro-fil für das nächste Jahrtausend. Hrsg. von der ökumenischen Centrale ACK-Arbeitsgruppe Missionarische Ökumene. Hannover; Aachen 2000.

in anderen katholischen Ortskirchen in Europa (z. B. in Frankreich[5]) wie in der Welt hin, die sich um eine Erneuerung ihrer missionarischen Pastoral Gedanken machen und nach konkreten Ansätzen im Kontext ihrer jeweiligen Gesellschaft suchen. Ziel des bischöflichen Schreibens ist es, in diesem Prozess einen theologisch nicht überfrachteten und praktisch überschaubaren Beitrag zu einem «immer aktueller werdenden Gespräch» zu liefern (S. 103). Es geht darum, den Dialog in den Gemeinden, Pfarrgemeinderäten, Seelsorgeausschüssen, Dekanaten und Seelsorgeämtern zu bereichern und zu intensivieren, damit vor Ort, von den Christinnen und Christen her, Kirche ihre Sendung in der Welt wahrnimmt und so missionarisch bleibt. Mit seinen Impulsen möchte das Schreiben resignative Strömungen und vielfach erlebte Mutlosigkeit (S. 65) angesichts der Grösse der Herausforderung zugunsten einer von Glaubensmut und Hoffnung geprägten Spiritualität und im Sinne von konkreten Impulsen für eine Erneuerung missionarischer Pastoral überwinden.

III. Aufbau und Inhalt des Schreibens

Die Bedeutung des Schreibens wird durch das Geleitwort von Kardinal Lehmann in gebührender Weise herausgestellt. Er erinnert an das Apostolische Schreiben «Evangelii Nuntiandi»[6], das 1975 erschienen ist und dessen «Aktualität kaum etwas eingebüsst hat» (S. 63). Ebenso drängen vom Konzil formulierte Impulse «immer noch und immer

5 Vgl. dazu: Hadwig Müller, Den Glauben vorschlagen. Missionarische Praxis im deutsch-französischen Gespräch. In: Diakonia 31 (2000) 288–293. Der gesamte Text ist erschienen in: Den Glauben anbieten in der heutigen Gesellschaft. Brief an die Katholiken Frankreichs von 1996, 11. Juni 2000. Hrsg. vom Sekretariat der Deutschen Bischofskonferenz. Bonn 2000 (Stimmen der Weltkirche 37).

6 Apostolisches Schreiben «Evangelii Nuntiandi» Seiner Heiligkeit Papst Pauls VI. an den Episkopat, den Klerus und alle Gläubigen der Katholischen Kirche über die Evangelisierung in der Welt von heute. 5. Dezember 1975 (VAS2). Hrsg. vom Sekretariat der Deutschen Bischofskonferenz. Bonn 1975 (Verlautbarungen des Apostolischen Stuhls 2).

118

wieder anfragend und richtunggebend in die pastoraltheologischen Überlegungen unseres Landes ein» (S. 63) und warten darauf, theologisch-praktisch, d. h. strukturell, konzeptionell wie personell und spirituell umgesetzt zu werden.

Der Text «Zeit zur Aussaat» richtet sich an alle Getauften und spricht somit ihre missionarische Verantwortung deutlich an. Missionarisch Kirche sein geht somit jeden Christen an, es ist nicht ausschliesslich eine Aufgabe von hauptamtlichen Mitarbeitenden, besonders berufenen Ordensleuten und Missionaren, also Mission im traditionellen Sinn. Ausdrücklich heisst es: «... so sind auch alle in die Sendung (Missio) und damit zum missionarischen Zeugnis gerufen» (S. 64). Darüber hinaus werden der «Mehrwert» des Glaubens wie die Bedeutung der Kirche als Gemeinschaft der von Jesus Christus Gesandten, der ekklesiologische Bezug, von Kardinal Lehmann im Zusammenhang mit der missionarischen Kirche klar herausgestellt. Als Schlüsselworte für eine missionarische Kirche ergeben sich somit drei zentrale Begriffe, die im nachfolgenden Text immer wieder angesprochen, problematisiert und teilweise konkretisiert werden: Aufgrund der Taufe ist es für jeden Christen selbstverständlich, in allen Lebensbereichen *Zeugnis zu geben, Profil durch Tat und Wort zu zeigen* und als *glaubwürdiges Mitglied in einer christlichen Gemeinschaft zu leben.*

Im Anschluss an das Geleitwort beschreibt der I. Teil «Die Welt, in der wir leben». Es wird herausgestellt, dass unsere Gesellschaft neben den das Christentum abweisenden Tendenzen auch religionsproduktive Entwicklungen aufweist, die es von christlicher Seite wahrzunehmen gilt und denen man kritisch-konstruktiv begegnen sollte.

Im II. Teil stehen das biblische Bild vom Sämann und seine spirituelle Haltung im Mittelpunkt der Ausführungen. Im Kontext des Themas «Missionarisch Kirche sein» bilden die Begriffe «Demütiges Selbstbewusstsein» (S. 74) ebenso wie «Gelassenheit» (S. 75) und «Gebet» (S. 77) zentrale Stichworte.

Der III. Teil «Wie die Saat aufgeht – Wege missionarischer Verkündigung» gliedert sich in fünf Unterpunkte. Seine Ausführungen werden von den grundlegenden Aussagen und den einzelnen Schritten, die im Apostolischen Schreiben «Evangelii Nuntiandi» in den Nummern 21–24 als prozessualer Glaubensweg beschrieben werden, bestimmt: vom Zeugnis des Lebens, vom Zeugnis des Wortes, von der Zustimmung des Herzens, dem Eintritt in eine Gemeinschaft von Gläubigen und der Beteiligung am Apostolat, selbst in die Sendung einzutreten.

Eine Erklärung kann nicht alles sagen, vieles lässt sich nur andeuten und manches kann nur zwischen den Zeilen gesagt werden. Die deutschen Bischöfe wollen den Gläubigen mit ihrer Erklärung weder ein abschliessendes Dokument noch einen synodalen Beschluss vorlegen, sondern eine Gesprächsanregung für ein aktuelles Thema geben. Es geht um die Eröffnung eines Prozesses in Richtung Erneuerung missionarischer Pastoral. Das geht alle Christen an; ihr ureigenstes Selbstverständnis ist angesprochen und daran gilt es, das Thema Mission festzumachen.[7]

7 Vgl. dazu:
– Paul M. Zulehner, Von der versorgten zur missionarischen Gemeinde. In: Ordenskorrespondenz 25 (1984) 52–68;
– Franz-Hermann Kochanek, Zur Theologie einer missionarischen Gemeinde. Studien zu einer praktisch-theologischen Handlungstheorie. Nettetal 1990 (Veröffentlichungen des Missionspriesterseminars St. Augustin bei Bonn 39);
– interessante, wenn auch z.T. zu diskutierende, praktische Anregungen bietet das Buch: Klemens Armbruster, Von der Krise zur Chance. Wege zu einer erfolgreichen Pastoral. Freiburg i. Br. 1999;
– ebenso die Anregungen von: Karl Schlemmer, Innovative und alternative neue Seelsorge- und Feierformen. In: Anzeiger für die Seelsorge 109 (2000) 552–556.

IV. Im Zentrum der Begegnung: das personale Element

Auf die Erklärung der deutschen Bischofskonferenz folgt ein Brief von
Bischof Dr. Joachim Wanke[8], der bei den Lesern sicher auf mehr Auf-
geschlossenheit und grössere Sympathie stossen wird als die voran-
gehende Erklärung, weil sie nicht nur kürzer, sondern auch persönlicher und damit ansprechender ausgefallen ist. In der Erklärung heisst
es, ein Urgesetz menschlicher Kommunikation scheine es zu sein,
«dass Personen, zumal authentisch wirkende Personen (weniger Institutionen, die eher dem Verdacht ausgesetzt sind, ‹vereinnahmen› zu
wollen!), immer attraktiv sind. Das bedeutet [dann], dass katholische
Kirche sich noch stärker als bisher ‹personalisieren› muss, aber nicht
nur in ihren Amtsträgern und ‹Spitzenvertretern›» (S. 69). Gerade das
tut der Brief von Bischof Wanke und wirkt damit auf gläubige Laien so
erfrischend, nüchtern und zugleich anregend. Seine Zeilen zeigen eine
persönliche Handschrift, eine konkrete Person, nicht nur eine abstrak-
te Theologie oder gut gemeinte theoretische Überlegungen, die von einer Kommission nach Einarbeitung aller Änderungswünsche zu einem theologisch richtigen, aber kaum initiierenden Prozess bzw. Dialog in der deutschen Ortskirche und ihren Gemeinden, ihren
Verbänden und Bewegungen, ihren Räten und Gruppen führen. Meines Erachtens ist mit dieser gelungenen Verbindung ein erster Durchbruch im Bereich der bischöflichen Erklärungen gelungen, und zwar
in dem angestrebten Sinn von «personalisiertem Glauben».
In der ersten Phase der Motivierung der Gemeinden und Gläubigen für
ein so grundlegendes Thema und der konkreten Anregung für erste
Gesprächsrunden in den Pfarrgemeinderäten und Verbänden, Bewegungen und Gruppen geht es nicht so sehr um ein theologisch abge-
wogenes und oft zu theoretisch bleibendes, sicherlich gut durchdach-

---

8   In diesem Buch S. 105 ff.

tes «Dokument» oder «Grundlagenpapier», sondern eher um ein persönliches Ansprechen, ein ehrliches Begeistern, indem der Bischof die Laien an seinen Sorgen und Fragen, Nöten und Herausforderungen beteiligt. Er macht damit deutlich, dass hinter dem Thema eine authentische Person zu sehen ist, deren Botschaft den Laien glaubhaft erscheint. Allgemeine «Lehr- und Weisungsschreiben» gibt es im Beruf, in Staat, Schule, Gesellschaft zur Genüge. Sie sprechen nicht immer die mündigen, sondern die vielfach verwalteten Bürger an und behandeln sie als solche. Die bischöflichen Schreiben sollten wieder stärker *einen persönlichen Charakter* bekommen, dann fänden sie auch unter den Gläubigen ein grösseres Echo und die notwendige Unterstützung.

V. Begeisterung wecken für eine missionarische Kirche

Im I. Teil – der Analyse der Welt und Gesellschaft wie der Situation der Kirche und Gemeinden – hätte man sich eine schärfere und genauere Zeitanalyse gewünscht. Der Text ist zwar inhaltlich sehr dicht und enthält viel Wahres und Richtiges, doch greift er zu wenig die Zuspitzung des Themas auf. Vielmehr liegt eine Zustandsbeschreibung aus einer binnenorientierten Sicht vor. Missionarisch Kirche sein, das hat aber auch stets theologisch die jeweilige Perspektive von Gemeinde und Christsein zu weiten, bestehende Strukturen und Organisationen kritisch zu hinterfragen; eine missionarische Kirche richtet sich nicht nur nach aussen, sondern wirkt sich auch im Sinne des Evangeliums reformierend nach innen aus. Sie fordert strukturell, konzeptionell, finanziell und personell zur Umkehr auf.

Als Ortskirche missionarisch sein, das fordert auch ein ausgeprägtes Gespür dafür, dass die Verkündigung des Evangeliums und das offensive Glaubenszeugnis die Christen unserer Zeit positiv begeistern und ihnen Freude bereiten kann. Es stellt nicht nur ein schwieriges Unterfangen dar. In der Erklärung kommt das positive Element der Freude an der Mission, der Begeisterung und des Elans kaum zur Sprache bzw. tritt zu wenig deutlich hervor. Vor Ort missionarisch sein, das gilt es mit positiven Erfahrungen, vielleicht sogar mit «Events» und zeitlich überschaubaren «Erlebnissen» zu verbinden. Christen dürfen vor neuen gesellschaftlichen Entwicklungen keine Berührungsängste haben. Glauben und Christsein ist nicht nur eine verkopfte Sache, eine intellektuelle Angelegenheit, sondern geht den ganzen Menschen an und will all seine Lebensbereiche ansprechen. Missionarisch als Christ oder Christin handeln, missionarisch Kirche und Gemeinde sein, das hebt die so schmerzlich erfahrene Trennung von Glauben und Leben auf und führt wieder verstärkt zu einer ganzheitlichen Lebensführung als Christ und Zeitgenosse.

Für viele Gemeinden und Christen wäre es hilfreich, unter den geänderten soziokulturellen wie kirchlich-religiösen Bedingungen konkrete Anknüpfungspunkte dargelegt zu bekommen, die sie ermutigen, sich auf ihre Sendung in die Welt, ihren jeweiligen Kontext einzulassen. Die Suche nach mehr Innerlichkeit und Ganzheitlichkeit, das wachsende Interesse an Esoterik und Mystik, die zunehmende Eigenverantwortung für die Umwelt und der Einsatz für eine universale Gerechtigkeit zeigen starke religionsproduktive Tendenzen in unserer Gesellschaft auf, die es konkret in Beziehung zu setzen gilt mit dem ureigenen Auftrag der Kirche, missionarisch zu sein. Wie kann das konkret durch eine Erneuerung der missionarischen Pastoral geschehen? Eine stärkere Berücksichtigung religionssoziologischer Untersuchungen und Erkenntnisse – auf die missionarische Perspektive fokussiert – hätte der Erklärung gut getan und ihr eine grössere Weite und Offenheit gegeben, sie zugleich aber auch praktischer und zielstrebiger ausfallen lassen. Die Probleme, als Kirche und Gemeinde missionarisch zu sein, beginnen ja gerade da, wo die bisherigen volkskirchlichen, traditionellen Konzepte und Strukturen nicht mehr greifen und viele haupt-, neben- und ehrenamtliche Mitarbeiter und Mitarbeiterinnen überfordert und oft betriebsblind vor völlig neuen Aufgaben stehen. Sie entdecken keinen Ansatz für eine Erneuerung ihrer missionarischen Verantwortung vor Ort. Wie soll Kirche, Gemeinde z. B. im Kontext der Postmoderne missionarisch sein angesichts der stetig wachsenden Tendenz zur Individualisierung, der gesellschaftlich allgemein akzeptierten Pluralität in allen Lebensbereichen und deren anhaltender Ausdifferenzierung?[9]

Nur unzureichend zur Sprache kommt in den Überlegungen der Bischöfe auch der mystagogische Ansatz von Karl Rahner, der die Kirche und ihre Gemeinden darauf aufmerksam macht, dass «Gott schon vor dem Missionar da» (S. 69) war. Es geht nicht so sehr darum, den Menschen etwas Neues zu bringen, sondern das explizit zu machen, was sie schon immer bewegt und beschäftigt, wonach sie sich sehnen und wonach sie suchen, es im Glauben zu benennen und Gott zu bekennen. So lassen sich die Sehnsucht vieler Menschen nach einem «Leben in Fülle» (Joh 10,10), ihr Streben nach Einmaligkeit und Menschenwürde, ihr Suchen nach Personalität und Liebe, ihr Ringen um Gerechtigkeit, Frieden und Bewahrung der Schöpfung als wichtige Anknüpfungspunkte für eine missionarische Pastoral deuten und für eine missionarische Verkündigung aufgreifen. Inwieweit werden solche gesellschaftlichen Grundströmungen und Zeitzeichen für eine missionarische Pastoral relevant? Wie werden sie in konkrete Konzepte und Überlegungen einbezogen? Bestimmen nicht oft zu sehr einseitig Binnenthemen der Kirche und Gemeinden die Diskussion und das Gespräch mit Suchenden, kritisch Distanzierten und Nichtgetauften, statt dass mehr auf deren Themen und Fragen eingegangen wird?

---

9   Vgl. dazu die Ausführungen von Norbert Mette, Trends in der Gegenwartsgesellschaft. In: Handbuch Praktische Theologie. Grundlegungen Bd. 1. Mainz 1999, 75–90.

Aufgrund der inhaltlichen Vorgabe von «Evangelii Nuntiandi» wäre auch bei den konkreten Planungen zu beachten, dass es innerhalb einer missionarischen Pastoral zu gestuften Formen und unterschiedlichen Entwicklungen von Christsein kommen kann. Das Apostolische Schreiben «Evangelii Nuntiandi» zeigt sich in seiner Position offener und weiter, wenn es bei dem konkreten Menschen, der in einem Evangelisierungsprozess steht, von unterschiedlichen Phasen und Stufen spricht, die z. T. fliessend sind, aber auch oft nicht zu «linear» aufsteigenden weiteren Entwicklungen führen, sondern ebenso Stillstand, Brüche, ja sogar Abbrüche einschliessen können. Identifikation mit dem Evangelium führt nicht automatisch zu einer umfassenden Identifikation mit der Kirche bzw. Gemeinde und ihrem Glauben. Es gilt somit auch stärker mit Teilidentifizierten in Kirche und Gemeinden zu rechnen und dies in der Pastoral und im Gemeindeleben zu berücksichtigen. Und trotzdem geschieht die Evangelisierung nicht umsonst, sondern leitet einen grundlegenden Prozess ein, der mit Gottes Hilfe zu einem intensiven Glauben unter den Menschen führen kann und letztlich das Kommen des Reiches Gottes ermöglicht. Daraus ergibt sich für viele haupt- und ehrenamtliche Mitarbeitende in der missionarischen Pastoral die Konsequenz, sich von einer Position des «Alles» oder «Nichts» zu verabschieden und missionarisches Handeln nicht nur am sichtbaren Erfolg der Zahl von Taufbewerbern auszurichten und zu messen.

Positiv zu sehen ist der eindeutig biblisch-spirituelle Bezug im II. Teil. Missionarisch zu sein, bedeutet nicht, einen formalen oder rechtlichen Auftrag auszuführen, sondern vielmehr geht es «um eine Haltung, die bereit ist, alles einzusetzen, ohne ängstlich oder halbherzig zu sein» (S. 72). Diese Einstellung wird besonders deutlich im biblischen Bild vom Sämann. Aus einer solchen Haltung entsteht ein «demütiges Selbstbewusstsein» (S. 74 f), zugleich aber auch eine «Gelassenheit» und «Ruhe» (S. 75 ff), bei allen Widersprüchlichkeiten, die das Leben als Christ in missionarischer Verantwortung in Gesellschaft und Kirche mit sich bringt. Damit wird jedem falsch verstandenen «missionarischen Aktivismus» und dem traditionellen Verständnis von «Mission als Werk der Übergebühr», das von der Geschichte her besonders berufenen Christen vorbehalten war, von vornherein entsagt und missionarisches Handeln auf eine grundlegend theologisch-spirituelle Basis gestellt.

VI. Perspektiven und Ansätze für eine missionarische Pastoral

Der III. Teil greift die von «Evangelii Nuntiandi» genannten Elemente für eine Erneuerung der missionarischen Pastoral auf und versucht, sie in den Kontext der deutschen Ortskirche zu übersetzen. Dabei bleibt es aber oft nur bei Benennungen und Auflistungen.
Bedeutsam für die Gemeinden und Christen vor Ort sind jedoch die Erläuterungen über die Wichtigkeit des Zeugnisses des Lebens. Christ wird man durch Erfahrung, indem man Menschen kennen lernt, «die als überzeugte Christen leben» (S. 79). Die Möglichkeiten der Laien, im Alltag, in Familie und Berufsleben, in Nachbarschaft und Freizeit indirekt zu verkündigen, werden ausdrücklich herausgestellt. Als besonderes Zeugnis des Lebens wird die Haltung der Gastfreundschaft betont. Leider bleibt es wieder bei einem appellativen Aufruf, ohne den Gemeinden Perspektiven aufzuzeigen, was dies spirituell, personell, finanziell und strukturell für ihre Pastoral vor Ort bedeutet, z. B. in Bezug auf Obdachlosenhilfe, Drogen- und Suchtkrankenberatung, Ausländerpastoral, Fernstehendenpastoral, Dialog mit konfessionslosen und andersgläubigen Besuchern, Gästen bzw. Interessenten. Welche Formen der Begegnung, welche inhaltlichen Fragen stehen hier an, welche sachliche Kompetenz ist bei solchen Formen von Gastfreundschaft gefragt?

Ausführlich nimmt der 2. Punkt «Zeugnis des Wortes» (S. 80–87) zur Bedeutung der Sprache und der Verkündigung Stellung. Nach einer gediegenen theologischen Klärung des Auftrags zur Verkündigung und der sich daraus ergebenden Motivation, den Glauben auch mit Worten weiterzugeben, werden eine Vielzahl von Orten genannt, angefangen von der Feier der Liturgie über Bibelgespräche und Kasualienpastoral bis hin zu den Medien wie z. B. dem Internet, in denen heute Kirche, Gemeinden und Laien offensiv das Wort Gottes verkündigen sollen. Notwendig sind weiterführende Hilfen, wie die missionarische Erneuerung der Pastoral speziell im liturgischen und katechetischen Bereich konkretisiert werden kann. Das Dokument verbleibt zu sehr im Beschreiben der traditionellen Aktivitäten, die sich aber immer mehr pastoral als unzureichend und missionarisch als unpassend erweisen. Ein mutiger Aufruf, sich stärker von einer kaum noch aufrechtzuerhaltenden Erfassungspastoral (z. B. im Bereich der immer noch stark von einer Erfassungspastoral bestimmten Busskatechese, dem Erstkommunionunterricht und Firmunterricht) würdevoll und gezielt zu verabschieden, würde manchen Pfarrer und manches haupt- und ehrenamtliche Gemeindeteam entlasten und einer Erneuerung der missionarischen Pastoral vor Ort den notwendigen Freiraum geben. Sonst bleibt der missionarische Auftrag innerhalb der Pastoral ein weiteres Projekt neben vielen anderen, das aber kaum die notwendigen Energien beanspruchen kann, die es braucht, um sich innovativ, kritisch und kreativ dieser aktuellen und notwendigen Herausforderung zu stellen.

Im 3. Punkt geht es um die «Zustimmung des Herzens» (S. 87ff). Dabei handelt es sich letztlich um «eine persönlich verantwortete, in eigener Erfahrung verwurzelte Glaubensentscheidung» (S. 87). Es wird damit Abschied genommen von einem traditionell allzu formalen und kollektiv geprägten Glauben: Man war katholischer oder evangelischer

127

Christ, weil alle Christen waren. Oft kam es nie zu einem persönlichen Glauben an Gott, es entstand kein existenzielles Verhältnis zu Jesus Christus, seinem Evangelium und den Sakramenten, sondern vielfach herrschte eine veräusserlichte Form des Christentums vor. Dieser Zustand geht nun aufgrund des gewandelten Verhältnisses von Kirche, Gemeinde und Gesellschaft – vielleicht Gott sei Dank – zu Ende.

VII. Mission geht zu Herzen

In diesem Sinne erkennt das Schreiben aufgrund der veränderten gesellschaftlichen Situation viele Anknüpfungspunkte, wo Menschen, Gruppen, Bewegungen und Strömungen sich persönlich und existenziell für Religion interessieren und auf der Suche nach Transzendenz und Sinn, nach einem persönlichen Gott (S. 87 f) sind. Auf solche Entwicklungen die Gemeinden und engagierten Laien hinzuweisen, ist von grosser Bedeutung, ihre Wirkung für eine Erneuerung der missionarischen Pastoral kann nicht hoch genug eingeschätzt werden.

Dabei setzt missionarische Ausstrahlungskraft bei den Christen selbst einen inneren Glaubensprozess voraus: Die eigene «Zustimmung des Herzens» ist Grundlage für die «Zustimmung des Herzens» bei denen, die sich für das Evangelium interessieren.

Mit der Überschrift «Die Gewinnung des Herzens ist Gottes Werk» (S. 89) wird jeglicher «Machbarkeitswahn» – als ob Mission, Evangelisierung, Glauben und Christsein durch geschickte Methoden und Techniken, durch eine Vielzahl von aktionistischen Werbekampagnen und Reklamegags machbar seien – ausgeschlossen. Das heisst natürlich nicht, dass nichts zu geschehen habe, vielmehr wird deutlich, dass die Erneuerung von missionarischer Pastoral ein vielschichtiger, nicht ausschliesslich planbarer, sondern spiritueller und gnadenhafter Prozess ist, der mit grosser spiritueller Umsicht und mit theologisch-pastoral genauen Überlegungen sowie mit nüchtern geplanten Schritten anzugehen ist.

Im 4. Punkt «Eintritt in eine Gemeinschaft von Gläubigen» (S. 89–95) geht es um den ekklesiologischen Bezug der Mission, in der die «Zustimmung, die nicht abstrakt und körperlos bleiben kann» (S. 89), offenbar wird und sich «durch einen sichtbaren Eintritt in eine Gemeinschaft von Gläubigen» zeigt. Kirche versteht sich als ein «Zeichen der Umwandlung» und als «Zeichen neuen Lebens».

Angesichts des Rückgangs von traditionell volkskirchlichen Strukturen ist der Hinweis auf die Notwendigkeit «neuer ‹Glaubensmilieus›» für die Gemeinden und die Ausrichtung ihrer missionarischen Pastoral von besonderer Bedeutung. Der Rückgriff auf die Praxis der Urkirche und die Geschichte der Seelsorge unterstreicht die Bedeutsamkeit solcher «Biotope des Glaubens» (S. 90) und ihre dringliche Einrichtung in den Gemeinden vor Ort. Aber auch weitere kreative, strukturelle und konzeptionelle Veränderungen in der Pastoral und ihrer missionarischen Ausrichtung sind angesichts veränderter gesellschaftlicher Rahmenbedingungen gefordert. Wenn in der Gesellschaft heute Gruppenbildungen vorherrschen, die auf «Solidarität, Selbsthilfe, Partizipation, Austausch und Vernetzung angelegt sind» (S. 90), dann hat etwa die Sakramentenpastoral diesen den heutigen Menschen kennzeichnenden Einstellungen Rechnung zu tragen und sie mehr als bisher konstitutiv und kreativ in ihrer pastoralen Praxis zu berücksichtigen. Auch hier werden nur Andeutungen gemacht; welche strukturellen und konzeptionellen Folgen für die Pastoral vor Ort eine solche Berücksichtigung mit sich bringt, wird nicht weiter ausgeführt.

Besondere Aufmerksamkeit lenkt das Schreiben auf die Bedeutung des Taufkatechumenats.[10] Welche konkreten Schwierigkeiten sich für manche Gemeindeleiter angesichts von Taufaufschub oder sogar von

---

10 Vgl. dazu: Sakramentenpastoral im Wandel. Überlegungen zur gegenwärtigen Praxis der Feier der Sakramente – am Beispiel von Taufe, Erstkommunion und Firmung. Hrsg. vom Sekretariat

Taufverweigerung ergeben, wird nicht angesprochen oder aufgegriffen.

In den weiteren Überlegungen werden dann «Lebensräume für Menschen auf der Suche nach Sinn» (S. 92) genauer gekennzeichnet. Die verschiedenen Adressaten und vielfältigen Formen von Kontaktaufnahmen für eine missionarische Kirche werden genannt, und zugleich wird dazu ermutigt, diese Chancen zu suchen. Besonders der Hinweis des Schreibens, dass – bei aller Wichtigkeit, über zukunftsweisende Strukturen innerhalb der Pastoral in Kirche und Gemeinde zu diskutieren – nicht ihre missionarische Dimension aus den Augen zu verlieren ist (S. 94), scheint mir ein zentrales und grundlegendes Kennzeichen einer erneuerten Pastoral zu sein.

Die Erklärung richtet den Blick aber nicht nur auf die Chancen einer missionarischen Pastoral in der Gemeinde, sondern auch auf eine «Pastoral der Zwischenräume»[11]. Sie listet die Vielfalt solcher Möglichkeiten auf und weist darauf hin, dass es dazu gute Erfahrungen gibt, die Mut zu missionarischer Seelsorge machen (S. 94 f). Solche positiven Dinge zu wissen, ist eines – und m. E. möchten viele Mitarbeitende in den Gemeinden auch konkret erfahren, wo es solche Erfahrungen gibt –, und das andere ist, wie sie theologisch-spirituell konzipiert und organisatorisch-strukturell geplant waren und warum sie missionarisch zu qualifizieren sind.

VIII. Mission führt zur Bekehrung und die Bekehrten zur Mission

In einem 5. Punkt geht es um die «Beteiligung am Apostolat – selbst in die Sendung eintreten» (S. 95–101). Die Sammlung schliesst auto-

---

der Deutschen Bischofskonferenz. Bonn 1993 (Die deutschen Bischöfe. Erklärungen der Kommissionen 12).
11 Vgl. dazu: Michael N. Ebertz, Pastoral der Zwischenräume. In: ders., Kirche im Gegenwind. Zum Umbruch der religiösen Landschaft. Freiburg i. Br. 1997.

matisch die Sendung mit ein, d. h. sich als Apostel im eigenen Lebensbereich wie in der Gesellschaft einzubringen, «damit menschengerechte Verhältnisse entstehen können und die Art, wie wir miteinander umgehen, menschenfreundlicher wird» (S. 95 f). Besonders auf-
bauend und erfreulich ist dabei, dass die Erklärung das vielfältige
Engagement zahlreicher ehrenamtlicher Frauen und Männer in den
unterschiedlichen Diensten der Gemeinden lobenswert hervorhebt
und darin eine günstige Basis und zugleich gute Voraussetzung für eine Erneuerung missionarischer Pastoral der Gemeinde vor Ort sieht.
Es geht nicht unbedingt um eine neue Belastung und ein weiteres Auf-
gabenfeld innerhalb der Pastoral, sondern eher um eine deutliche He-
rausstellung der missionarischen Dimension der jeweiligen Pastoral.
Positiv zu sehen ist auch, dass die Erklärung einen Begriff aufnimmt,
der aufs Engste mit dem Thema Mission verbunden ist, nämlich das
Wort von der notwendigen Inkulturation des Evangeliums, das gerade
durch «Evangelii Nuntiandi» wieder eine grössere Bedeutung bekommen hat. Er greift die Sorge des Papstes auf, dass es in unserer Zeit zu
einer wachsenden Entfremdung von Evangelium und Kultur gekommen ist und daher alle Anstrengungen aufgebracht werden müssen,
«um die Kultur, genauer die Kulturen, auf mutige Weise zu evangelisieren. Sie müssen durch die Begegnung mit der Frohbotschaft von innen
erneuert werden» (Evangelii Nuntiandi Nr. 19). In diesem Zusammenhang wird sich die hiesige Ortskirche gerade mit diesem Thema noch
intensiver beschäftigen müssen,[12] wenn sie ihren Auftrag zu einer Erneuerung ihrer missionarischen Pastoral radikal aufgreifen und damit
ernst machen will.

Etwas angehängt erscheint mir in der Erklärung die Ordensgemeinschaften (S. 99 f) mit ihrem je eigenen Charisma, das sie als Ruf Gottes
zu missionarischem Dienst verstehen sollen. Etliche Ordensgemein-

---

12 Vgl. dazu meine Überlegungen in: Hermann Kochanek, Spurwechsel. Die Erlebnisgesellschaft
    als Herausforderung für Christentum und Kirche. Frankfurt/M. 1998.

schaften stehen vor grundlegenden Neuorientierungen ihrer bisherigen Tätigkeiten und Aufgabenfelder. Neben Struktur- und Konzeptionsfragen tauchen vielfältige Probleme auf, die oft eine einzelne Ordensgemeinschaft überfordern. Man wünscht sich hier von den Bischöfen eine stärkere Unterstützung in Richtung Ermutigung von anstehenden Prozessen für innovative und kreative Neuansätze in den einzelnen Ordensgemeinschaften, die sicher von den verantwortlichen Oberen und vielen Mitgliedern nicht als Einmischung in ihre inneren Angelegenheiten angesehen, sondern positiv aufgenommen worden wäre.

In einem letzten Punkt wird das Verständnis von Mission unter dem Aspekt der Stellvertretung (S. 100f) behandelt. Heute als Christ oder Christin in einer gesellschaftlichen Minderheit zu leben, besagt auch stets, nicht nur für sich, sondern auch immer für andere zu glauben. «Stellvertretung im Lob Gottes und im Gebet für die Menschen ist eine erste und grundlegende Form missionarischer Sendung» (S. 100). Gerade diese Aussage eröffnet eine spirituelle und theologische Weite, die die Mission aus einer allzu oft verengten Perspektive von konkreten Erfolgen und Zahlen, von messbaren Ergebnissen befreit und in ihrer umfassenden Grösse und theologischen Wirkung würdigt, als «Missio Dei», als Handeln Gottes durch Jesus Christus in seinem Heiligen Geist.

Im Brief von Bischof Wanke tauchen drei zentrale Ansatzpunkte für eine Erneuerung der missionarischen Pastoral in der deutschen Ortskirche und ihren Pfarrgemeinden auf. Ausgehend von dem Bild einer «Einladung zu einem Fest» nennt er «drei Herausforderungen für eine missionarische und evangelisierende Kirche» (S. 109–114), die meines Erachtens einen gangbaren Weg aufzeigen können, wie Gemeinden und Laien vor Ort ihre missionarische Verantwortung heute offensiv in Gesellschaft und Welt umsetzen können.

Es geht um den wichtigen Prozess der Selbstevangelisierung und der Entdeckung, was der Glaubensweg in der Nachfolge Jesu freigesetzt und wie er das Leben bereichert hat (S. 109 f). Dabei handelt es sich um eine kraftvolle Ermutigung, offensiver und unmittelbarer zu, mit und vor anderen von Gott zu sprechen, dies aber aus einem «demütigen Selbstbewusstsein» (S. 110) heraus. Dieses Vorgehen verzichtet auf arrogantes Besserwissen, Moralisieren und billiges Werben (S. 110). Jegliche Form einer vorschnellen Vereinnahmung lehnt Bischof Wanke ab, ihm geht es um Authentizität, um persönliche Beziehung und Glaubwürdigkeit, die aber «ausdrücklich» werden muss, um den anderen «mit Gott und seiner Liebe in Berührung zu bringen. ... denn unser Gott hat ein ‹Gesicht› und einen Namen, den man anrufen kann» (S. 111).

Angesichts einer Gesellschaft, in der die Tendenz zum Erlebnis Hochkonjunktur hat und «Events» immer mehr zu einem prägenden Kennzeichen unserer Freizeitkultur gehören, entwickelt der Bischof ein gutes Gespür für die missionarischen Möglichkeiten, die dieser Kontext bereithält. So weist er mit aller Dringlichkeit auf die Vision eines Festes hin, zu dem Gott alle einladen will (3. 112). Damit setzt er sich mit dem umfassenden Thema der Inkulturation des Evangeliums auseinander. Schon Papst Paul VI. spricht in seinem Apostolischen Schreiben «Evangelii Nuntiandi» dieses Thema an, indem er in Nummer 20 darauf aufmerksam macht, dass es vielfach zu einem Bruch zwischen Evangelium und Kultur gekommen ist. Die Aufgabe missionarischer Tätigkeit bestehe darin, sich mit der jeweiligen Kultur der Menschen im Sinne des Evangeliums auseinander zu setzen, um so ganzheitlich den Menschen das Wort Gottes zu verkünden. Gerade angesichts des kulturellen Wandels in Deutschland steht eine erneute Inkulturation des Evangeliums dringend an. Dies ist ein umfassender Prozess, der alle Bereiche menschlichen Lebens umfasst, nicht nur den ausgesprochen religiösen Bereich.

Aus dieser Grundhaltung der Inkulturation des Evangeliums soll besonders die Gemeinde als Kirche vor Ort Zeichen des «Willkommens-
Seins» gegenüber allen Interessierten und Suchenden setzen, ganz
gleich, welcher Kultur, Subkultur oder Fremdkultur sie angehören.
Diese Offenheit bezieht sich nicht nur auf den Bereich der Sakramentenpastoral, sondern bezieht auch den Bereich der Sakramentalien
ein, damit es so zu möglichst vielgestaltigen «Gottesberührungen»
(S. 112) kommt und sich kein Zeitgenosse davon ausgeschlossen fühlt.
Es geht Bischof Wanke um ein vorsichtiges Aufzeigen von missionarischen Möglichkeiten der Gemeinden gegenüber Teilidentifizierten,
Suchenden und Gescheiterten. Pastorale und seelsorgliche Hinweise
und konkrete Anknüpfungspunkte werden von ihm aufgezeigt; es liegt
ihm fern, bis ins Letzte ausgefeilte Konzepte mit fertigen Garantien
über mögliche Erfolge im Bereich missionarischer Wirksamkeit vorzulegen. Gerade deswegen lädt er die Pfarrgemeinden und alle Gläubigen ein, über seinen Brief zu sprechen und ihm gegebenenfalls «ein
schriftliches ‹Echo›» zu geben (S. 114).
Dieser Aufruf im offenen Brief eines Bischofs fordert zur Stellungnahme heraus, wenn man den christlichen Glauben unter den heutigen
Bedingungen ernst nimmt und von seiner Zukunftsfähigkeit überzeugt
ist.

IX. Ausblick mit Hoffnung und Zuversicht

Das Schreiben der deutschen Bischöfe «füllt eine wichtige Lücke»
(S. 65). Es ist der ernst zu nehmende Versuch, sich nicht nur mit sich
selbst zu beschäftigen und binnenorientiert als Kirche und Gemeinde,
als Christ und Christin zu leben, sondern sich im Sinne des Evangeliums und der ersten christlichen Gemeinden zu den Menschen gesandt
zu wissen und offensiv durch Tat und Wort Zeugnis vom Kommen des

Reiches Gottes in Jesus Christus zu geben. Vor allem der Brief von Bischof Wanke möchte begeistern und die Christen bei allen Schwierigkeiten mit Zuversicht erfüllen. Er fordert die Gemeinden und Christen heraus, als Einzelne und als Gruppe wieder bewusster und mutiger als Jünger und Jüngerin Jesu Christi in dieser Gesellschaft verantwortlich Stellung zu nehmen und sich persönlich, innovativ und kreativ an diesem Prozess der Sendung der Kirche zu beteiligen. Der erste Schritt ist durch dieses Schreiben getan. Es wird an den Gemeinden und Christen vor Ort liegen, ob weitere Schritte in diesem Sinne erfolgen und so auch die Kirche bei uns wieder missionarisch wird. Das Gespräch ist eröffnet. Der Prozess kann beginnen.

135

Dieter Emeis
Ermutigung durch realistische Visionen
Eine Fortschreibung der Praktischen Theologie der Gemeinde

I. Die Zusammengehörigkeit von Vision und Realismus

«Realistische Visionen» – das kann klingen wie die Verknüpfung zweier Gegensätze. Entweder ist ein Mensch Realist, oder er ist Visionär. Die folgenden Überlegungen stellen gegen diese Einschätzung die These, dass ein Visionär, der etwas verändern will, Realist sein muss. Ein Visionär, der nur seinem Traum lebt, mag die Realität übersehen. Wo eine Vision aufgerichtet wird, *um das Handeln zu orientieren und zu inspirieren*, muss sie von einer realistischen Sicht dessen, was ist, ausgehen. Sie muss nicht nur Träume eingeben, sondern auch Schritte ermöglichen. Von Visionen geleitetes Handeln kann nicht darauf verzichten, sich seiner Voraussetzungen zu vergewissern.

Eine kleine biblische Zustimmung zum Miteinander von Realismus und Vision schenkt das Gleichnis, in dem realistisch davon ausgegangen wird, dass nicht alle Körner bei der Aussaat auf guten Boden fallen, in dem aber zugleich die Vision der reichen Ernte durch einige im guten Boden aufgehende Körner aufgerichtet wird und dazu anleitet, die Aussaat anzugehen (Mt 13,3–9). Im Kontrast dazu steht die unrealistische Vision, jedes ausgesäte Korn ginge auf und trüge zur reichen Ernte bei. Wer davon ausgeht und dann die Erfahrung vergeblicher

Aussaat macht, kann durch mangelnden Realismus handlungsunfähig werden.

Die Pastoraltheologie hat die Aufgabe, Visionen für das pastorale Handeln aufzuzeigen. Wo das ohne Bezug zur Realität geschieht, besteht die *Gefahr, dass die Visionen entmutigend wirken*. Es kann sein, dass keine Schritte erkennbar sind, wie man sich aufmachen kann auf das in der Vision enthaltene Ziel hin, und dass dann die Vision hilflos macht. Es kann sein, dass man zwar aufbricht auf das Ziel hin, aber im Zusammenstoss mit der widerständigen Realität so enttäuscht wird, dass nur der Rückzug in die Resignation bleibt. Niemand wird leugnen können, dass sowohl unser gesellschaftliches wie unser kirchliches Leben Hilflosigkeit und Resignation kennen. Nicht immer, aber doch auch nicht selten stehen dahinter unrealistische Visionen.

Wenn es um pastorales Handeln geht, ist hier eine theologische Vorklärung wichtig. Realismus kann die nüchterne Wahrnehmung dessen meinen, was unter den gegebenen Voraussetzungen möglich ist. Dabei wird in der Regel mitgedacht: was den beteiligten Menschen möglich ist. Pastorales Handeln bezieht sich nicht nur und nicht einmal zuerst auf das, was Menschen, sondern auf das, *was Gott möglich ist* und was er verwirklichen will, damit alles gut wird. Die letzte Vision pastoralen Handelns ist das Gottesreich, also die ganz von allen Wunden und Widersprüchen, Brüchen und Abgründen geheilte Welt. Diese ist Menschen nicht möglich. Der Glaube traut dieses Menschenunmögliche Gott zu. Der Glaube traut Gott sogar zu, mit diesem Unrealistischen uns nah gekommen zu sein, also damit hier und heute zu beginnen. «Hier und heute» meint: *in unserer Geschichte*, und das wiederum meint: in unserer Realität. Wir leben in Geschichte, in der Geschichte unserer Gesellschaft und in der Geschichte unserer Kirche. In ihr, in dieser geschichtlichen Realität beginnt der uns in der Bibel bezeugte Gott mit dem, was nur ihm möglich ist: alle in seinem alles tröstenden

Frieden zu versöhnen. Wenn er Menschen für dieses sein Handeln in der Taufe und in besonderer Weise im pastoralen Dienst ergreift und ausrüstet, dann ruft er sie in ihren geschichtlichen Voraussetzungen an. Die Vision vom Ziel der Geschichte soll Schritte in der Geschichte und das heisst in der das Hier und Heute bestimmenden Realität stimulieren, inspirieren, orientieren. Die damit skizzierte Vorstellung einer realistischen Vision soll im Folgenden konkretisiert werden am Beispiel der christlichen Gemeinde.

II. Die Gemeinde als Vergegenwärtigung von Kirche

Die Gemeinde als Vergegenwärtigung von Kirche rückt in den Blick der katholischen Theologie im Gefolge des Zweiten Vatikanischen Konzils. Dieses Konzil suchte vor allem nach einer Bestimmung der *Sendung der Kirche* in unserer Zeit. Anliegen der Beratung war die Überzeugung, dass Kirche nicht ein Selbstzweck ist. Die Kirche wird von Gott zusammengerufen um der Menschen willen. Sie soll Christus verkündigen als «Licht der Völker», «Lumen Gentium» (Titel der Kirchenkonstitution). Das wurde gesagt im Blick auf eine Welt, in der die Völker einerseits unter vielfältigen Spaltungen und Entfremdungen leiden und andererseits immer enger in der einen Welt zusammenfinden müssen. Lange bevor das Wort «Globalisierung» aufkam, hatte das Konzil die damit verbundenen Herausforderungen im Blick. Kirche soll in dieser Zeit – so die wohl wichtigste Formulierung – ein Sakrament, *ein Instrument in der Hand Gottes sein für die innigste Vereinigung der Menschen mit Gott wie der Einheit der Menschen untereinander* (Lumen Gentium 1). Die Versöhnung aller mit Gott und untereinander ist hier die Vision im äussersten Horizont der Geschichte. Hier und heute ist sie angebrochen in Weg und Werk Jesu Christi und der Gabe seines Geistes in die Herzen derer, die ihm in seiner Sendung folgen. Diese grosse Vision vermittelt die Pastoralkonstitution mit der realistischen Erfahrung, wie die Kirche selbst und die Völker durch sie nur sehr anfanghaft von der versöhnenden Macht des Geistes ergriffen und verwandelt sind. Dennoch hält sie daran fest, dass die Kirche überall dort, wo der Geist in ihr Menschen versammelt, die Keimzelle der neuen mit Gott und untereinander versöhnten Menschheit ist. Ausdrücklich wird davon gesprochen, dass die Kleinheit kirchlicher Versammlungen nicht gegen diese ihre alle umfassende Sendung spricht. Die kleinsten Anfänge tragen in sich die Verheissung der endzeitlichen Versammlung aller in der alles versöhnenden und alle tröstenden Liebe Gottes.

III. Theologie der Gemeinde als konkrete Ekklesiologie

Nicht zuletzt unter der inspirierenden Wirkung des Zweiten Vatikanischen Konzils entstand die Theologie der Gemeinde als eine Art konkreter Ekklesiologie. Vielleicht spielte dabei die Erfahrung eine Rolle, wie schwierig es war, eine ganze Weltkirche oder auch nur die Kirche eines Kontinentes oder einer Nation oder – noch bescheidener – die Kirche eines Bistums zu erneuern bzw. vom Geist erneuern zu lassen. Je konkreter das Handlungsfeld, desto deutlicher wurden Handlungsmöglichkeiten sichtbar. Schon während des Konzils brach unter der Rede von den Ortskirchen eine Aufmerksamkeit dafür auf, dass die Kirche ihre *konkrete Vergegenwärtigung* nicht nur in den oft viele Orte umfassenden bischöflichen Kirchen findet, sondern in den jeweiligen örtlichen Lebensräumen der Menschen. Wie die Weltkirche als Communio der Bischofskirchen zu denken ist, so ist eine Bistumskirche als Communio eines Plurals von gemeindlichen Kirchen zu denken. (Dabei sind die den Gemeinden vorstehenden Presbyter nicht «Kollegen» des Bischofs, sondern als Mitglieder des Presbyteriums an den Amts-

aufgaben des Bischofs beteiligt.) Die *Erneuerung der Kirche* wurde im
Laufe der 70er-Jahre des vergangenen Jahrhunderts immer entschie-
dener *in der Erneuerung der Gemeinden* gesucht.
Innerhalb der Praktischen Theologie war Ferdinand Klostermann der
Pionier dieser Ausrichtung mit seinem Werk «Prinzip Gemeinde»[1]. In
der systematischen Theologie wurde das Thema «Gemeinde» im deutschen Sprachraum vor allem aufgegriffen von den heutigen Kardinä-
len Walter Kasper[2] und Karl Lehmann[3]. Hohe visionäre Kraft entwickelten die neutestamentlichen Erinnerungen, die Gerhard Lohfink
in seiner Schrift «Wie hat Jesus Gemeinde gewollt»[4] beitrug. Wenn
heute das Wort von der «geschwisterlichen Gemeinde» umgeht, liegen
hier dafür die Wurzeln. Lohfink konnte aufweisen, dass das Evangelium nicht allein, sondern im gemeindlichen Miteinander zu leben ist.
Wo man in der katholischen Kirche bis dahin von «Pfarrei» sprach,
setzte sich überraschend schnell die Rede von der «Gemeinde» durch.
Offiziell geschah dies in der Kirche der Bundesrepublik Deutschland in
dem Beschluss der Würzburger Synode «Die pastoralen Dienste in der
Gemeinde»[5]. Der meistzitierte Satz dieses Beschlusses ist hier zu vergegenwärtigen: «*Aus einer Gemeinde, die sich pastoral versorgen
lässt, muss eine Gemeinde werden, die ihr Leben im gemeinsamen
Dienst aller und in unübertragbarer Eigenverantwortung jedes einzelnen gestaltet.*»[6] Dieser Satz ist typisch für die visionären Vorstellungen, die durch die Vermittlung des Reformimpulses des Konzils mit

1   Ferdinand Klostermann, Prinzip Gemeinde. Wien 1965.
2   Z.B. Walter Kasper, Zur Theologie der Gemeinde. In: Manfred Enkrich (Hrsg.), Kirche – Kader –
    Konsumenten. Zur Neuorientierung der Gemeinde. Mainz 1971, 121–131.
3   Z.B. Karl Lehmann, Was ist eine christliche Gemeinde? In: Internationale katholische Zeitschrift
    1 (1972) 481–497.
4   Gerhard Lohfink, Wie hat Jesus Gemeinde gewollt? Zur gesellschaftlichen Dimension des Glau-
    bens. Freiburg i. Br. [7]1982.
5   Gemeinsame Synode der Bistümer in der Bundesrepublik Deutschland. Beschlüsse der Vollver-
    sammlung. Offizielle Gesamtauflage 1. Freiburg i. Br. 1976, 597–636.
6   Gemeinsame Synode, a. a. O., 602.

der Wiederentdeckung der Theologie der Gemeinde entwickelt wurden. Es sollten *alle*, die sich bisher pastoral versorgen liessen, zu Subjekten gemeindlichen Handelns werden. *Alle* sollten ihre unvertretbare Mitverantwortung wahrnehmen. Im Hintergrund steht die neutestamentlich gut begründete Überzeugung, dass jede und jeder durch Taufe und Firmung eine Gnadengabe bekommt, die nicht nur der je eigenen Geschichte mit Gott dient, sondern auch dem Aufbau der christlichen Gemeinde (1 Kor 12). Das visionäre Programm war also, dass die bisher klerikal versorgten Pfarreien zu im geschwisterlichen Miteinander gestalteten und getragenen Gemeinden werden.

IV. Erfahrungen mit der pastoralen Wirklichkeit

So wurden die Pfarreien «Gemeinden» genannt. Schon bald und immer unübersehbarer mussten wir – ich meine damit meine Generation der pastoral Handelnden – die Wirklichkeit zulassen, dass sich Mehrheiten in den Pfarreien mit grossem Erfolg dagegen wehrten, Gemeinde zu werden. Es erwies sich als unrealistisch, Menschen einer Pfarrei in grosser Breite für den Aufbau einer gemeinsam verantworteten und gestalteten Gemeinde zu gewinnen. Die Gründe dafür sehen wir heute nach dreissig Jahren deutlicher, als es damals möglich war.[7] Hier können diese Gründe nur kurz angedeutet werden:
Die *gesellschaftlichen Voraussetzungen* für den Übergang von Pfarreien zu Gemeinden waren und sind geradezu extrem ungünstig. Der vor etwa dreissig Jahren einsetzende gesellschaftliche Modernisierungsschub führt durch die damit verbundene Desintegration der immer pluraler werdenden Lebenswelten der Menschen und durch die zu-

---

7 Näheres z. B. bei Karl Gabriel, Christentum zwischen Tradition und Postmoderne. Freiburg i. Br. 1992 (QD 141).

nehmende Mobilisierung[8] zu immer individueller werdenden Biografien. Bisherige Lebenszusammenhänge, die die Menschen in vielen Pfarreien zusammenbanden und zusammenhielten, lösen sich überall – wenn auch nicht überall gleichzeitig und nicht überall gleich weit gehend – auf. In der traditionellen Pfarrei waren die Menschen vielerorts – ohne dass dies pastoral angestrebt wurde – mehr Gemeinde als heute, wo dem Aufbau von Gemeinde viele Kräfte gewidmet werden.

Die Menschen erfahren die skizzierten Prozesse unterschiedlich. Die Einbindung in einen festen Lebenszusammenhang gab einerseits Geborgenheit; andererseits wurde sie als Vereinnahmung oder gar Gefangenschaft erfahren. Die Individualisierung gibt einerseits die Möglichkeit, das je eigene Leben zu entwerfen; andererseits bleiben die Menschen vor dem Plural ihrer Lebensmöglichkeiten allein und sehen sich nicht selten überfordert. Es sind Minderheiten, die die *Ambivalenzen der Individualisierung* durchschauen und in neuen Solidarisierungen Weggemeinschaft mit anderen suchen. Das gilt sowohl gesellschaftlich als auch kirchlich

Nicht nur die gesellschaftlichen Voraussetzungen wurden bei der Intention, alle in der Pfarrei für die Gemeinde zu gewinnen, zu wenig beachtet. Es wurde auch zu wenig berücksichtigt, *was die Menschen in ihren Erfahrungen mit der Kirche gelernt hatten*. Über viele Jahrhunderte waren sie nicht nur die pastoral Versorgten, sondern auch die in ihrem Glauben weit gehend Entmündigten. Es ist ein Wunder des Geistes, dass viele (wie viele, weiss nur Gott allein) zu einem eigenen Glauben im Glauben der Kirche fanden, obwohl sie im Glauben nichts zu sagen, sondern nur Vorgesagtes zu lernen hatten. Eine Jahrhunderte hindurch auf die pastorale Betreuung von Menschen ausgerichtete Pastoral harmonisiert auf eine gegen die Gemeindebildung gerichtete

---

8   Das Phänomen der Mobilität und dessen Konsequenzen bearbeitete eingehend Franz-Peter Tebartz-van Elst, Gemeinde in mobiler Gesellschaft. Kontexte – Kriterien – Konkretionen. Würzburg 1999 (Studien zur Theologie und Praxis der Seelsorge 38).

Weise mit modernen Einstellungen, in denen von Institutionen für bestimmte Lebensbereiche Dienstleistungen erwartet werden. Eine grosse Mehrheit des volkskirchlichen Erbes ist so sowohl von der heute noch wirksamen Kirchengeschichte als auch von den in unserer Gesellschaft gelernten Erwartungen her darauf ausgerichtet, von der Kirche – und das heisst von den amtlich in ihr Handelnden, geweiht oder nicht geweiht – eine pastorale Begleitung für sich und die eigenen Kinder zu bekommen, ohne ein gemeindliches Leben mitzutragen. Sie wollen zwar oft noch etwas von der Kirche (und wollen dieses «etwas» selbst bestimmen), wollen aber nicht mit anderen in einer Gemeinde selber Kirche sein.

Die Erfahrung mit der Unmöglichkeit, Pfarreien in Gemeinden zu überführen, kann resigniert machen. Es muss in die Resignation treiben, wenn die Gründe für die erlittenen Erfahrungen nicht wahrgenommen und umlernend verarbeitet werden. Resignation würde bedeuten, dass die einmal antreibende Vision aufgegeben wird und man, wenn man nicht aussteigt, alles nur noch laufen lässt. Die Alternative ist eine Treue zur Vision, die allerdings mit einem nüchternen Realismus vermittelt wird.

V. Realistische Treue zur Vision

Diese Alternative wird möglich, wo zugelassen wird, dass nicht eine grosse Breite des volkskirchlichen Erbes für zukunftsfähige Gemeinden gewonnen werden kann, und wo gleichzeitig eine hohe *Wertschätzung der Minderheiten* wächst, *die sich in der neuen gesellschaftlichen Diaspora der Christenheit von Gott zusammenrufen lassen.* Wahrscheinlich war auch die grosse Volkskirche in ihrer geistlichen Lebendigkeit intensiv von einer Minderheit getragen, die vom Evangelium bzw. vom Geheimnis des gekreuzigten und auferstandenen Herrn innerlich ergriffen war. Am Glauben, Hoffen und Lieben dieser Minderheit konnten durch die engen Lebenszusammenhänge viele – auf eine allerdings gestufte Weise – teilhaben. Hinzu kam, dass ihnen minimale Teilhabeformen wie die Sonntagsversammlung und die Osterkommunion durch eine anerkannte kirchliche Autorität und durch Sozialkontrolle vorgegeben wurden. Diese Vorgaben haben ihre Kraft verloren, und die sich auflösenden Lebenszusammenhänge lassen die gelegentlichen Kirchenkontakte bei sehr vielen der heute Heranwachsenden selten und wenig intensiv werden. Das mindert nicht, sondern intensiviert die Herausforderung, dass Christen Glaubensorte bilden, durch die gegenwärtig erfahrbar wird, worum es im Evangelium geht. Die im pastoralen Dienst Handelnden müssen sich *für all die offen halten, die sich von der Kirche etwas sagen und geben lassen wollen* (nicht nur bestätigend, sondern auch kritisch). Es darf ihnen nicht nur um die Kirche gehen, sondern auch und wohl zuerst darum, dass unter den Menschen in der Welt das gelebt wird, was den Menschen gut tut, ihrer Entfaltung und ihrer solidarischen und versöhnten Einheit dient. Die Kirche muss das Licht des Evangeliums in die Welt hinein abgeben. Dies kann sie aber nur, wo dieses *Licht* von Christen heute *gemeinsam empfangen und miteinander geteilt und gefeiert wird*. Dass wenigstens einige miteinander Kirche sind, ist die Voraussetzung dafür, dass die Kirche für alle da sein kann. Neben der Perspektive pastoraler Dienstleistung an den Menschen braucht das pastorale Handeln also auch die Vision der christlichen Gemeinde.

Mit Realismus verbunden, kann die so orientierte Suchbewegung etwa wie folgt formuliert werden: Es können zwar nicht alle aus einer volkskirchlichen Pfarrei für das Leben in einer christlichen Gemeinde gewonnen werden; aber in der Pfarrei – zumindest in vielen Pfarreien – lässt sich mit einer – unterschiedlich grossen – Minderheit eine Gemeinde sammeln. Dabei geht es nicht um das Gewinnen von Mitarbeiterinnen und Mitarbeitern, um die, die nur entfernt mit der Kirche zu tun haben wollen, doch näher einzubeziehen. Nicht nur Hauptamtliche, sondern auch Ehrenamtliche können unter unrealistischen Normen leiden, verbindliche Formen einer Teilhabe am kirchlichen Leben für alle auch heute zu vermitteln. Auch die so genannten aktiven Gemeindemitglieder dürfen und müssen zulassen, dass es viele in der Pfarrei gibt, die wenig und manchmal sehr wenig von der Kirche wollen, und dass sie aufgrund ihrer Biografien oft gar nicht mehr von der Kirche wollen können. Es gab und gibt mancherorts noch heute – etwas grob gesagt – einen Verschleiss Ehrenamtlicher an widerständigen Pfarreien. Bei der Sammlung der Gemeinde ist *das primäre Ziel nicht die Mitarbeitergewinnung, sondern die Vergegenwärtigung von Kirche, d. h. das Zusammenkommen von Christen,*

– die sich das Wort von Gott sagen lassen und im Miteinander des Glaubens gegen das grosse Vergessen Gottes angehen,

– die ihrer Freude an Gott in lobpreisender Feier Ausdruck geben,

– die sich aus der Erfahrung des Erbarmens Gottes ihrer Mitmenschen erbarmen und

– die im Blick auf das Kreuz und die Auferstehung Jesu Christi eine Hoffnung bezeugen, die belastbar ist, weil sie nicht auf das den Menschen Mögliche, sondern auf das Gott Mögliche setzt.

Gedacht ist hier nicht an den Rückzug einer so genannten «kleinen Herde» von der bösen Welt. Je überzeugter und überzeugender Christen in Gemeinden ihren Glauben, ihre Hoffnung und ihre Liebe miteinander teilen, umso leuchtender können sie vielmehr *für alle* die neue Nähe Gottes im Geheimnis Jesu Christi aufscheinen lassen. Es gibt in unserer Gesellschaft viele Feten, auf denen die Glücklichen bzw. diejenigen, die die Glücklichen darstellen können, zusammenkommen. Christen feiern in ihren Festen eine Freude an Gott, die sich auch noch für die Beladenen, Trauernden und Leidenden als aufrichtender

Trost erweisen kann. Unsere gesellschaftlichen Dienstleistungsbetriebe sind zwar weit ausgebaut, sie werden von vielen aber als immer anonymer und seelenloser erfahren. Eine in der Zuwendung Gottes wurzelnde Nächstenliebe hat hier die Chance und den Auftrag, mit der Dienstleistung eine ganzheitliche menschliche Zuneigung zu verbinden und darin etwas von Gott mitzuteilen. In unserer Zeit werden die dem Menschen gesetzten Grenzen bewusster. Die von den grossen Ideologien gegebenen Versprechungen haben viele Enttäuschte oder sogar Resignierte zurückgelassen. Vielen liegt es nahe, sich in ihren wenigstens relativ heilen kleinen Welten einzurichten und vor der Wirklichkeit unheiler Welt, die sich nur ohnmächtig erfahren lässt, Fenster und Türen zu schliessen. Christen vertrauen auf einen Gott, dem nichts unmöglich ist, wenn es darum geht, den Frieden doch noch zu errichten, die Trauernden zu trösten, den Armen zu ihrem Leben zu verhelfen und sogar den Tod zu überwinden. Für sie ist das Kreuz zwar das Zeichen, dass sie noch nicht in heiler Welt leben. Es ist für sie aber kein Zeichen der Resignation, sondern das Zeichen einer Liebe, an der die Welt heil werden kann und soll. Dieser Traum ist noch nicht ausgeträumt, und ihn zu bewahren und zu bezeugen, ist die gemeinsame Berufung der Christen.

Um deutlich zu machen, dass solche Gemeinden nicht nur gesucht bzw. erst aufgebaut werden müssen, sondern auch schon hier und heute von Gott geschenkt sind, sei gewagt, zumindest manche und möglicherweise sogar viele unserer gegenwärtigen *sonntäglichen Versammlungen als Orte gemeindlichen Lebens* wahrzunehmen. Man kann einwenden, dass dort nur Liturgie geschieht – ziemlich losgelöst von Glaubenskommunikation und praktizierter Zuwendung zu menschlicher Not. Der Einwand mag oft zutreffen. Er gilt aber nicht allgemein. Es gibt Sonntagsgemeinden, in denen Menschen zusammenkommen, weil ihnen an der Glaubensgemeinschaft liegt. Sie geben allein schon durch ihr Zusammenkommen und dann auch durch die Art, wie sie anwesend sind im Hören, im Schweigen, im Einstimmen in das Gebet, im Herantreten und Empfangen einander ein Glaubenszeugnis. Wo Christen nicht nur ein bürgerliches Wochenende haben, sondern miteinander ihr Wochenfest feiern, wird eine Freude an Gott vergegenwärtigt, die tiefer reicht und trägt als die Angebote unserer Erlebnisgesellschaft. Das wird zwar nicht in allen Sonntagsfeiern erfahrbar, aber es gibt Sonntagsgemeinden, die in unserer Gesellschaft zumindest so etwas wie die Ahnung einer festlichen Qualität des Lebens lebendig erhalten. Dies gilt insbesondere dort, wo Christen in die sonntägliche Versammlung die in der vergangenen Woche familiär, nachbarschaftlich, kollegial, politisch oder beruflich gelebte alltägliche Diakonie mit einbringen und dafür geistliche Erneuerung suchen. Es gibt Sonntagschristen im guten Sinn dieses Wortes, bei denen Sonntag und Alltag nicht nebeneinander stehen, bei denen vielmehr der Alltag in die Feier des Sonntags eingeht und aus dieser Feier der Alltag Inspiration, Stärkung und Motivation empfängt. In vielen sonntäglichen Versammlungen gibt es so eine Sonntagsgemeinde, die durch ihre die Feier mittragende Teilhabe an der «Gemeinschaft am Heiligen» (der Name für die Feier der Eucharistie im Apostolicum) anderen gelegentlich Hinzukommenden eine möglicherweise entferntere Teilhabe ermöglicht. Es gilt sehr oft, dieses bereits Gegebene zu schätzen und durch Gestaltung und Predigt zu fördern. Hinzu kommt dann allerdings auch die Suche nach anderen und neuen gemeindlichen Orten.

Die theologische Einsicht, dass sich Kirche nicht zuerst durch pastorale Planung, sondern durch *das Wirken des Geistes* bildet, lässt bei aller Wertschätzung von Planung Ausschau halten, was sich möglicherweise ohne diese tut. Dabei kann es zur Einsicht kommen, dass mit der Rede von der Gemeinde eine Ebene von Kirche so stark in den Vordergrund trat, dass *andere Ebenen* an Aufmerksamkeit verloren. Wenn sich dann mit der Rede von der Gemeinde auch noch fast ausschliesslich die Vorstellung von der Territorialpfarrei verband, konnte und kann sich heute die Mentalität einer «Schrebergartenpastoral» verbinden. Man beackert sozusagen das zugewiesene Stück Zuständigkeit und kümmert sich um das Umfeld nur dann, wenn es durch Unkrautsamen irritierend in das je eigene Gelände einfällt. Die Aufmerksamkeit für das, was sich ohne Planung tut, kann sehen lernen, dass es *Sammlungen von Christen gibt sowohl unterhalb der Ebene der Pfarreien als auch oberhalb dieser Ebene als auch gleichsam zwischen den institutionalisierten Pfarreien.* Um dies aufzunehmen und mit der gewachsenen Theologie der Gemeinde zu vermitteln, kann die Erinnerung an eine etwas wenig beachtete theologische Kategorie hilfreich sein, die Kategorie der Versammlung.

VI. Kirche als Versammlung

Das uns geläufige lateinische Wort für Kirche oder auch Gemeinde, «ecclesia», bezeichnet in der griechischen Übersetzung der hebräischen Bibel vornehmlich die Versammlung der Israeliten um Mose. Es ging um Versammlungen vor Gott. Dabei lag die *Initiative bei Gott.* Er versammelte sich das Volk, das in besonderer Weise ihm gehören sollte. Die Versammlungen beschlossen nicht von sich aus den weiteren gemeinsamen Weg. Sie waren da, um gemeinsam auf die wegweisende Stimme Gottes zu hören. Dieses Wort «ecclesia» wird in den Evangelien, in der Apostelgeschichte und in den Paulusbriefen im Anschluss an die alttestamentliche Tradition die Bezeichnung für die durch das Evangelium zusammengerufenen Christen. Bei dem Wort «ecclesia» ist darum immer an *konkrete christliche Versammlungen* zu denken. Sie werden von Gott durch seine Boten zusammengerufen. Den Versammelten teilt sich Gott mit seinem Wort mit. In den eucharistischen Zusammenkünften erhalten die Versammelten zudem Anteil am Leib und Blut Jesu Christi und darin an dem Einheit stiftenden Geist.[9] Wo die Kirche sich so versammeln lässt, findet sie immer tiefer in ihre Identität. Sie lebt nicht nur in ihren Versammlungen, sondern auch von diesen.

Dabei kann offenbar an Versammlungen *sehr unterschiedlicher Grösse* gedacht werden. Im Matthäusevangelium gibt es die Verheissung des Daseins des Auferstandenen überall dort, wo zwei oder drei in seinem Namen versammelt sind. Es gibt das Wort «ecclesia» als Bezeichnung für die in einer Stadt sich versammelnden Christen. Und das gleiche Wort kann auch für die Gesamtheit derer gebraucht werden, die sich vom Evangelium haben zusammenrufen lassen. Die «ecclesia» wird also auf recht unterschiedlichen und vielfältigen Versammlungsebenen Wirklichkeit. Die Erinnerung daran ist hier nicht gegen die Impulse gerichtet, die die kirchliche Erneuerung in den Gemeinden suchen. Doch brauchen diese Impulse die Ergänzung durch den Blick auf kirchliche Versammlungsebenen «oberhalb» und «unterhalb» der Gemeinde. Dabei geht es auch um die Entlastung von unrealistischen Vorstellungen oder gar Anforderungen, alles in einer differenzierten und mobilisierten Gesellschaft Wichtige und Wünschenswerte müsse auf der Ebene der Pfarrgemeinde möglich und wirklich sein.

VII. Ebenen kirchlicher Versammlung

Der Blick sei zunächst auf Versammlungen *oberhalb* der Gemeindeebene gerichtet. Insbesondere in Diasporasituationen gibt es Traditionen, Gemeinden einer Region um der Erfahrung grösserer Glaubens-

9 Erst seit dem 16. Jahrhundert werden diese Versammlungen «Liturgie» genannt. Die früheren biblischen Bezeichnungen entstammen dem Wortfeld des Zusammentreffens. Die entsprechenden lateinischen Worte in der Vulgata sind gleichfalls Ausdrücke des Zusammenkommens: congregari, convenire, coeus, convocatio, collectio nostra. Vgl. Helmut Hucke; Heinrich Rennings, Die gottesdienstlichen Versammlungen der Gemeinde. Mainz 1973, 28.

gemeinschaft willen und um der bezeugenden Darstellung in einer grösseren Öffentlichkeit willen zusammenzuführen. Darin wird Kirche gegenwärtig, auch wenn es nur gelegentliche Versammlungen sind. Um die grössere Einheit eines Bistums zu vergegenwärtigen, gibt es z. B. Versammlungen zu Bistumswallfahrten, die diese soziale Ebene von Kirche wirksam werden lassen. Kirche wird in unterschiedlicher Weise Gegenwart auf Katholikentagen. Da gibt es die kleineren Kreise, die grossen Foren und die alle zusammenführende Abschlussveranstaltung. Geistliche Zentren sind Orte der Versammlung von Christen aus näherer oder auch entfernterer Umgebung. In ihnen ist Kirche da. Es gibt Versammlungen bis hinauf zur Ebene der Weltkirche. Versammlungen auf dem Petersplatz in Rom sind eher ausnahmsweise ortskirchliche und meistens weltkirchliche Versammlungen. Die weltkirchlichen Versammlungen von Jugendlichen an wechselnden Orten lassen für einige Tage am jeweiligen Ort die Kirche aus den vielen Völkern Gegenwart werden. Die dabei möglichen Erfahrungen von Glaubensgemeinschaft sind in einer Gemeinde nicht möglich, können in ihr aber vorbereitet sein und in sie hineinwirken.

Nicht weniger wichtig ist der Blick auf Versammlungen *unterhalb der* Gemeindeebene und gleichsam «zwischen» den Pfarreien. Schon im katholischen Milieu waren es nicht nur die Versammlungen zur Pfarrei, die geistliche Beheimatung boten und missionarische Anziehungskraft entwickelten. Für viele Christen wurde Kirche konkret erfahrbar in den unterschiedlichen Vereinen und Verbänden. In ihnen bekamen viele eine Inspiration und Begleitung, durch die sie zu ihrer christlichen Berufung fanden und zum Zeugnis ermutigt wurden. Manche Versammlung mag über das Niveau geselliger Vereinsmeierei nicht hinausgefunden haben, aber es gab doch Versammlungen, in denen Kirche lebte. Abhängig war dies nicht zuletzt von dem aufgewandten personalen Angebot an geistlicher Begleitung. Ordensleute spielten dabei

151

eine wichtige Rolle. Durch sie wurde insbesondere jungen Menschen die Entdeckung von Kirche ermöglicht.

In der Rede von der Gemeinde als «*Gemeinschaft von Gemeinschaften*» wird angezeigt, dass die Versammlung auf der Ebene der Pfarrgemeinde nicht zuletzt kleinere christliche Versammlungen verbinden soll. Dabei kann es sich um Fortentwicklungen früherer Vereine und Verbände und um neu sich zusammenfindende Gruppen und Kreise handeln. Die Gemeinschaften leben jeweils in ihren Versammlungen und von diesen. Und in diesen Versammlungen ist Kirche gegenwärtig. Kirche ist da in einer Gebetsgruppe und im Kreis von Katechetinnen und Katecheten, in einer diakonalen Projektgruppe und in einem Bibelkreis. Bei mancher christlichen Versammlung – etwa bei den geistlichen Gemeinschaften oder bei diakonisch engagierten Gruppen wie Hospizkreisen oder Pax-Christi-Gruppen – ist die Zuordnung zu Pfarrgemeinden ungeklärt. Das muss ihre Kirchlichkeit nicht beeinträchtigen. Damit kleinere christliche Gemeinschaften keine privaten Zusammenkünfte werden, sondern kirchlich sind und bleiben, müssen allerdings drei Kriterien erfüllt sein:

1. Es muss um Versammlungen gehen, die sich *von Gott* (durch dazu inspirierte Menschen) *zusammenrufen* lassen, die sich von Gott den Weg zeigen lassen, den er mit ihnen gehen will, und die sich der Gegenwart des Auferstandenen und dem Geschenk seines Geistes anvertrauen.
2. In den Versammlungen muss das Bewusstsein der *Einheit mit anderen kirchlichen Versammlungen* bis hin zur Einheit in der Weltkirche lebendig sein. Sichtbar kann dies werden im zusammenführenden und leitenden Amt. Eine Versammlung kann aber auch ohne dieses sichtbare Zeichen Kirche bzw. kirchlich sein.

3. Die Versammlungen müssen ihre Verbundenheit als Teil eines *alle Menschen* umfassenden Geschehens erfahren und leben. Die Kirche versammelt sich niemals nur für sich, sondern immer auch mit der inneren Dynamik, ein Zeichen der Berufung aller Menschen zur einen Familie Gottes zu sein. Diese Universalität oder Katholizität muss auch kleine Versammlungen prägen, wenn sie kirchlich sein sollen. Dadurch unterscheiden sie sich von den manchmal «Kuschelecken» genannten Rückzugsorten Gleichgesinnter.

VIII. Kirchliche Versammlung unter den Voraussetzungen von Individualisierung und Mobilisierung

Eine realistisch eingestellte Pastoral muss auch für die Verwirklichung von Kirche als Versammlung die gesellschaftlichen Voraussetzungen beachten. Dabei können sich diese Voraussetzungen als ambivalent erweisen, also sowohl Schwierigkeiten als auch Chancen enthalten.

1. *Individualisierung* meint, dass die Einzelnen weniger eingebunden sind in einen Zusammenhang kollektiver Lebensvollzüge, sondern im Plural ihrer Lebenswelten und Lebensmöglichkeiten wählen können und müssen, was für sie wichtig sein soll, wofür sie Zeit und Kraft und Geld aufwenden wollen und wo sie Verbindlichkeiten eingehen. Das beeinflusst ihre Bereitschaft und Fähigkeit, sich mit anderen zu versammeln. Nicht nur die Versammlungen als Kirche waren einmal durch den Lebenszusammenhang weit gehend vorgegeben. Heute müssen sie meistenorts gewählt werden. Menschen können nur dann die kirchliche Versammlung wählen, wenn sie ihnen so wichtig geworden ist, dass sie dafür auf andere Lebensmöglichkeiten verzichten können – z.B. ange-

153

sichts der vielfältigen Möglichkeiten, heute den Sonntag zu leben. Ganz wichtig kann Menschen die Versammlung zur Kirche dort werden, wo sie teilhaben an der fundamentalen kirchlichen Erfahrung, von Gott selbst zusammengerufen zu sein. Individualisierung kann einerseits unverbindliche Lebensformen fördern, in denen die Bereitschaft und Fähigkeit der Menschen zu verlässlicher Versammlung zurückgeht. Sie kann aber andererseits intensiver erfahren lassen, wie die Zusammenkunft zur Kirche leibhaftige Antwort auf die versammelnde Initiative Gottes ist und Menschen tiefer verbindet als ein vorgegebener Lebenszusammenhang.

2. *Mobile Menschen* sind weniger ortsgebunden und viel unterwegs. Dies bedeutet einerseits, dass sie dauernd auseinander gehen und schwer zu versammeln sind. Andererseits können mobile Menschen aber auch unterschiedliche Versammlungsorte erreichen, während bei stabiler Lebensform nur der eine Lebensort Ort des Zusammenkommens sein kann. Die Mobilisierung verändert so das kirchliche Leben in einer Gesellschaft. Bei geringer Mobilität war der Wohnort der vorrangige, wenn nicht sogar ausschliessliche Versammlungsort. In mobilisierter Gesellschaft können die Menschen sich grossräumiger versammeln. Sie haben nicht selten mehrere Wohnorte oder sind an den Wochenenden und Ferien unterwegs. Das ermöglicht kirchliche Versammlungen unabhängig von pfarrlichen Territorien – etwa auf einem Campingplatz. Es führt aber auch dazu, dass diejenigen, denen das Zusammenkommen als Kirche nicht ganz wichtig ist, weniger stabile Formen der Teilhabe an der Kirche entwickeln oder sogar die Versammlungspraxis ganz aufgeben. Die pastorale Aufmerksamkeit muss hier zum einen die neuen Chancen nutzen, sich in mobilisierter Gesellschaft zu versammeln. Sie muss zum anderen die-

jenigen im Blick behalten, die nicht oder nur begrenzt an der Mobilität teilhaben und dort Versammlungsmöglichkeiten brauchen, wo sie täglich leben.

IX. Anstösse zur Weiterentwicklung gewachsener Gemeindepastoral im grösseren pastoralen Raum

1. *Die Gemeindepastoral ist nicht zu ersetzen, aber zu ergänzen.* Dabei muss sie zum einen geöffnet werden auf die grössere Region hin und auf Ebenen darüber hinaus bis zur Communio der Weltkirche (die bei jeder Eucharistiefeier im Hochgebet in Erinnerung gebracht wird). Zum anderen muss sie nach «unten» das fördern, was in kleineren christlichen Gemeinschaften bis hin zur Familie und von Einzelnen an christlicher Praxis gelebt wird. Es gibt nicht wenige Christen, die «nur» an der Versammlung der Gemeinde zur Feier des Herrentages teilnehmen, von ihr aber Stärkung ihrer Freude an Gott und ihrer alltäglichen Treue zu ihrer Lebensaufgabe erwarten.

2. In den Gemeinden muss nüchtern zugelassen werden, dass in ihnen manches pastoral nicht möglich ist. Es ist dann *auf Orte zu verweisen, wo Menschen das finden, was die jeweilige Gemeinde nicht bereitstellen kann.* Gemeinden müssen und dürfen zu ihren Grenzen stehen. Sie können dies umso eher, je weiter die Teilhabemöglichkeiten im grösseren Raum entwickelt sind. Nicht in jeder Pfarrgemeinde können ausreichend Jugendliche zusammenfinden oder junge Familien Kreise bilden oder Erwachsene in einem Katechumenat auf ihre Taufe zugehen. Im grösseren Raum muss aber nach Möglichkeiten der Versammlung von Jugendlichen und Familien und erwachsenen Taufbewerbern gesucht werden. Nicht jede Pfarrgemeinde kann für alle unterschiedlichen

Lebensrhythmen der Menschen geeignete Versammlungszeiten anbieten. Im grösseren pastoralen Raum kann es möglich sein, dass sich an Versammlungszeiten – etwa am Abend des Sonntags – Sonntagsgemeinden versammeln. Gelegenheit zur Feier des Busssakramentes wird schon länger nicht mehr in jeder Pfarrei gesucht, sondern in so genannten Beichtkirchen. Diese sollten dann auch im grösseren pastoralen Raum als solche hervorgehoben werden.

3. Das Denken im grösseren pastoralen Raum ist nicht nur mit den Grenzen der Pfarrgemeinden angesichts unserer differenzierten Gesellschaft zu begründen. Es geht auch um die Wirklichkeit, dass die Menschen, die an der Mobilität teilhaben, sich grossräumiger orientieren. Ihnen entspricht eine nicht nur auf die Pfarreien verengte Vergegenwärtigung von Kirche. Gemeinden im grösseren pastoralen Raum können je nach den soziokulturellen Voraussetzungen und den in ihnen sich sammelnden Christen *unterschiedliche Profile* ausbilden und so sich gegenseitig ergänzen. In diesem Zusammenhang sind Möglichkeiten von *Kategorial- und Personalgemeinden* zu beachten. Wo Christen aufgrund sie verbindender Sozialmilieus[10] zusammenfinden und dabei unterschiedliche Liturgiestile entwickeln, ist auf *bleibende Communio-Fähigkeit* zu drängen. Sammlungen von Christen müssen eine Alternative zu den Sozialmilieus bilden, die die anderen Milieus als minderwertig betrachten und als fremd ablehnen. Christen müssen, um miteinander Zeichen der Versöhnung zu sein, bereit und fähig bleiben, sich mit *Ungleichen* zu versammeln.

4. Um die Zuordnung und Zusammengehörigkeit von Gemeinden im pastoralen Raum bewusst und wirksam zu machen, ist eine *Vernet-*

---

10 Zur pastoralen Bedeutung der neuen Sozialmilieus siehe Hermann Kochanek, Kirche und Gemeinde in der Erlebnisgesellschaft. Perspektiven für Neuansätze in der Seelsorge. In: Pastoralblatt 48 (1996) 13–18 und 44–51.

zung der für die Gemeinden Verantwortlichen erforderlich. In diese grössere räumliche Vernetzung sind auch die kirchlichen Wirklichkeiten einzubeziehen, die es vielerorts unabhängig von pfarreilichen Strukturen gibt und die bei einer Fixierung auf die Pfarreien aus der pastoralen Aufmerksamkeit herausfallen. Zu denken ist hier z. B. an Bildungs- und Beratungseinrichtungen, an Schulen und Krankenhäuser, an Kindergärten und Wärmestuben, an geistliche Zentren und Gemeinschaften. Bei dieser Vernetzung kann eine sichtbare und spürbare *Ausrichtung auf eine Zentralkirche* einen wichtigen Dienst leisten. Diese kann in Analogie zur Bischofskirche der in der frühen Kirche recht kleinen Bistümer in besonderer Weise die Aufgabe der Sammlung und Darstellung der Kirche im jeweiligen Lebensraum der Menschen wahrnehmen.

5. In der Aufmerksamkeit für den Plural kirchlicher Zusammenkünfte sollte als «Gemeinde» *die Vergegenwärtigung von Kirche benannt werden, in der sich Christen kontinuierlich am Herrentag zum Herrenmahl versammeln.* Wo eine Pfarrei noch eine oder mehrere so genannte «Gottesdienststationen» hat, haben sich dort sehr oft Beziehungsgeflechte entwickelt, die gemeindlich sind und eine gemeinsame Zukunft haben können. Es können solche Gemeinden wie auch volkskirchlich einmal grössere Pfarreien aber nicht nur sehr klein, sondern auch zu klein werden, um einen Glaubensraum zu bilden, der gegenseitige Glaubensteilhabe und eine sonntägliche Liturgie ermöglicht, in die Kinder und Jugendliche hineinwachsen können. Nicht «um Priester zu sparen», sondern um Freude an der sonntäglichen Liturgie zu ermöglichen, sollen sie sich anderen Gemeinden anschliessen. Sie können zugleich noch ein eigenes gemeindliches Leben pflegen – auch in werktäglichen Liturgien.

157

Bewusst werden die hier vorgetragenen Gedanken «Anstösse» genannt. Sie können und wollen das weitere Sammeln und Reflektieren von Erfahrungen in der pastoralen Praxis nicht ersetzen, wohl aber Impulse geben. Nicht zuletzt ist dabei zu beachten, dass die unterschiedlichen lokalen gesellschaftlichen, konfessionellen und kirchengeschichtlichen Voraussetzungen recht unterschiedliche konkrete Schritte in das uns noch unbekannte Gelände der Kirche von morgen erfordern. Ein Ort, an dem diese Schritte bedacht und begleitet werden, möge das Pastoralinstitut der Theologischen Hochschule Chur sein.

Rosmarie Zapfl-Helbling
Was erwarten Politik und Gesellschaft von der Kirche?

Unsere Gesellschaft hat sich verändert, im politischen und im kirchlichen Bereich. Es hat ein Wandel stattgefunden, der in Organisationen und Gemeinschaften zu neuen, für viele Menschen ungewohnten Neuausrichtungen geführt hat. Nichts ist mehr so, wie es einmal war. Und ich sage: Es ist gut so!

I. Werte als politische Entscheidungshilfen

Trotzdem, ist wirklich alles anders? Die politischen Parteien und die Kirche sprechen heute noch von Werten und Normen, ohne die keine Gesellschaft auskommt. Es gibt Normen, die für alle universellen Verpflichtungscharakter haben, so zum Beispiel die biblischen Leitsätze:
- «Alles, was ihr von anderen erwartet, das tut auch ihnen» (Mt 7,12).
- «Du sollst deinen Nächsten lieben wie dich selbst» (Lk 10,27).

Hanna Ahrendt, die grosse Denkerin des vergangenen Jahrhunderts, hat vom Ende der Politik gesprochen, wenn es mit der Verbindung von Freiheit und Gleichheit vorbei ist, wenn durch die Teilung der Freiheit die Macht den einen und die Ohnmacht den anderen zugeteilt wird.

Wie steht es damit in unserer Gesellschaft? Wird Freiheit dahingehend verstanden, dass ich auf Kosten von anderen eine uneingeschränkte Freiheit leben kann? Gilt Macht nur für Einzelne und Ohnmacht für eine Mehrheit der Menschen? Sind Solidarität und Nächstenliebe Schlagworte, die in Politik und Kirche nur ein müdes Lächeln hervorrufen?

Glaube und Politik werden oft als Gegensätze verstanden. Doch brauchen Politikerinnen und Politiker aus ethischen Grundsätzen abgeleitete politische Orientierungen, um Entscheidungen treffen zu können. Ob sich diese aus der christlichen Soziallehre oder gar aus der Bergpredigt begründen, ist die Entscheidung jedes und jeder Einzelnen. Die Ethik der Bergpredigt, die Vorschläge für das private und das politische Leben enthält, hat viel mit Selbsterkenntnis zu tun. Wenn wir nach ihren Grundzügen politisieren, handeln wir wahrhaftig.

Der Hinweis auf die Bergpredigt kann aber auch Aggressionen auslösen. Politikerinnen und Politiker, die heute mit solchen Werten politisieren, werden zu Träumern erklärt. Sie werden auch der Naivität bezichtigt, als ungeeignet für die politische Arbeit angesehen. Ihre ethischen Forderungen werden für unerfüllbar gehalten. Doch ich denke, es ist ein grosser Irrtum, zu glauben, dass im politischen Leben Gerechtigkeit, Barmherzigkeit, Solidarität und Geschwisterlichkeit nichts zu suchen hätten. Und ich stelle die Gegenfrage: Kann man ohne Bergpredigt Politik machen? Ich beantworte sie mit einem klaren Nein. Gerade heute sind die ethischen Grundsätze der Bergpredigt wichtige Entscheidungshilfen.

Wir leben im Zeitalter der Globalisierung und sind auf dem langen und beschwerlichen Weg zur europäischen Einheit. Eine christlich orientierte Politik muss in diesem Prozess auf der Grundlage der Solidarität aufbauen und jedem Menschen und jeder Menschengruppe auf nationaler wie auf internationaler Ebene die gleiche Würde zugestehen. Individueller und kollektiver Egoismus müssen ausgeschaltet werden, ebenso das Streben danach, unsolidarische Privilegien zu erringen und zu wahren.

Heute wird viel von Friedenspolitik und noch mehr von Krieg gesprochen. Aus der Bergpredigt wird jedoch klar, dass nur friedliche Menschen Frieden bewirken können. Wichtig ist nicht, dass Politikerinnen und Politiker über den Frieden reden, wichtig ist allein, dass sie Frieden wollen und sich für ihn einsetzen. Solange Eigeninteressen und Machtstreben das Denken beherrschen, sind wir auf dem Weg zur Konfrontation. Mit dem Frieden ist es wie mit der Freiheit: So wie Freiheit immer auch Freiheit des anderen ist, so ist Frieden immer auch Frieden des anderen.

Hier habe ich erste Wünsche an die Kirche:
Die Europäische Union sowie die katholische Kirche sind länderübergreifende Gemeinschaften. Es wäre spannend und hilfreich, aus der langen Tradition und den verschiedenen Zusammenhängen der katholischen Kirche heraus zu diskutieren, was sie dazu beitragen könnte, dass sich Menschen in vernetzten Völkergemeinschaften wohl fühlen. Es wäre notwendig zu fragen, was Menschen brauchen, damit sie die Angst vor ihren Nachbarn verlieren, damit sie friedvoll miteinander teilen können, damit sie so miteinander streiten können, dass alle zu ihrem Recht kommen.

Papst Johannes Paul II. mahnte in seiner Neujahrsansprache im Zusammenhang mit der Irak-Krise zur Erhaltung des Friedens. Er forderte alle Beteiligten vehement auf, eine friedliche Lösung in diesem Konflikt zu suchen. Solche klaren Botschaften wünsche ich mir von der Kirche öfter und manchmal schneller. Es scheint mir sehr wichtig, dass die Leitungsverantwortlichen in der Kirche klar und unmissverständlich öffentlich für den Frieden in der Welt einstehen und die

Staatoberhäupter immer wieder darauf aufmerksam machen, dass es aus christlicher Sicht keinen gerechtfertigten Krieg geben kann.

II. Wandel der Werte als Herausforderung an Kirche und Politik

Lange Zeit wurden Werte unhinterfragt von einer Generation an die nächste weitergegeben. Staat, Kirche und Familie waren anerkannte Institutionen, und ihre Oberhäupter – alles Männer – waren geachtete Autoritäten. Doch auch Werte unterliegen dem Zeitwandel. Selbst wenn traditionelle Werte nicht an grundlegender Bedeutung verloren haben, gelten sie in unserem Kulturkreis nicht mehr in dieser Absolutheit. Ihre Geltung und Verbindlichkeit werden heute von vielen, gerade auch von jungen Menschen, hinterfragt. Sie selbst entscheiden, was sie für richtig oder falsch halten, welche Massstäbe sie setzen wollen. Deshalb ist es wichtiger denn je, bewusst zu machen, dass diese Eigenverantwortung zusammengehört mit der Verantwortung für das Ganze, für den Mitmenschen. Daran ist der Grad der Nächstenliebe und Solidarität zu messen.

Wo sich Werte und Normen ändern, müssen sie in langen und beschwerlichen Diskussionen neu verhandelt werden. Nur so können wir wieder die Möglichkeit von Freiheit, Solidarität und Nächstenliebe bieten.

Daraus wächst wieder ein Wunsch an die Kirche:
Die Kirche darf die heutigen gesellschaftspolitischen Probleme nicht mehr tabuisieren. Sie soll in aller Offenheit die heutigen Werthaltungen diskutieren, den Dialog suchen auch mit Menschen, die scheinbar nicht in ihr Bild passen. Und sie soll dabei die christlichen Werte zur Sprache bringen.

Diese Herausforderungen an die Kirche, sich der Wertediskussion zu stellen, möchte ich im Folgenden für die verschiedenen kirchlichen Ebenen konkretisieren.

III. Erwartungen an Kirche und Pfarrgemeinden

1. Erwartungen an die Pfarrgemeinden

Es ist eine kulturelle Tatsache, dass Politik und Kirche miteinander verbunden sind. Es müssen Wege gefunden werden, damit sich enga gierte Christen mit aktuellen politischen Themen auseinander setzen. Die Pfarrgemeinden könnten im Kreise ihrer Gemeinschaft solche Diskussionen führen. In erster Priorität geht es darum, die Menschen zu sensibilisieren und ihnen Vertrauen in die politische Gestaltbarkeit ihrer Lebensbedingungen zu geben. Jedes Mitglied einer Kirchgemeinde ist auch Bürger und Bürgerin des Staates.

In den vergangenen Jahrzehnten haben viele Pfarreien die gesellschaftspolitischen Veränderungen wahrgenommen und sich mit ihnen auseinander gesetzt. Sie sind offen und verständnisvoll auf Themen und Menschen zugegangen, die in der Vergangenheit tabuisiert worden waren. Auf diesem Weg kann das Gespräch zwischen Kirche und Gesellschaft neu in Gang kommen und zugleich das Vertrauen in die Kirche und ihre Amtsträger wieder aufgebaut werden.

Es braucht neue Zugänge, um die Menschen dafür zu begeistern, sich mit politischen und kirchlichen Inhalten auseinander zu setzen – wie das Beispiel eines Gottesdienstes für Jugendliche mit Technomusik zum Thema «Jugendliche und ihre Freiheiten» zeigt, der mit grossem Erfolg durchgeführt wurde und zu Diskussionen angeregt hat.

Auch das sind Wünsche an die Kirche:
Sie soll mit Jugendlichen und Randgruppen nach neuen Wegen suchen, um konservative Werte in die heutige Lebensgestaltung einzubringen.
Wir brauchen den Gedankenaustausch, die Erfahrungen der Mitmenschen, die Auseinandersetzung mit unterschiedlichen Meinungen. Hier sind Pfarrgemeinden ganz besonders gefordert. Kirchen in Zürich haben ihre Tore in den vergangenen Jahren einen Spalt weit geöffnet für Veranstaltungen mit Homosexuellen und anderen Randgruppen der Gesellschaft. Sie waren gut besucht. Solche Begegnungen kosten Mut und Kraft. Aber sie ermöglichen Diskussionen, die gerade in Kreisen der katholischen Kirche notwendig sind und durch die Toleranz und Akzeptanz gefördert werden können. Sie tragen letztlich zu einer gesetzlichen Gleichstellung aller Menschen bei.
Es gibt auch nach der Diskussion mit den Gläubigen in der Pfarrei keine einfachen Antworten und Lösungen. Öfters sind verschiedene Antworten möglich. Gerade das zeigt, wie wichtig die Diskussion, wie wichtig die Befragung des eigenen Gewissens ist. Hier geht es ganz zentral darum, dass die Menschen sich immer und immer wieder ihre Meinung bilden angesichts des Wertes der Eigen- und der Nächstenliebe.
Damit sind die Pfarreiverantwortlichen gefordert. Wenn sie in Zukunft vermehrt Diskussionen zu wichtigen sozialpolitischen Fragen führen wollen, braucht es Gemeindeverantwortliche, die sich vertieft mit den politischen Aktualitäten auseinander setzen. Informationen sind leicht zu bekommen, Fachleute zu den politischen Themen auch. Wir brauchen jedoch ebenso engagierte Leute aus den Pfarreien, die sich der Themen annehmen.

2. Erwartungen an die Kirche und ihre Amtsträger

Ich erwarte von der Kirche nicht fertige Antworten auf schwierige ethische Fragen. Sie soll und kann mir die Aufgabe als Politikerin, mich selbst vertieft in komplexe Themen einzulassen, nicht abnehmen. Aber ich erhoffe mir von der Kirche eine ernsthafte Auseinandersetzung mit aktuellen gesellschaftlichen Problemen, zum Beispiel der Gen- und Biotechnologie, der Sterbehilfe, der rechtlichen Situation von gleichgeschlechtlichen Paaren, dem Ausländergesetz, der Entwicklungshilfe usw. Ich habe es sehr begrüsst, dass die Schweizerische Bischofskonferenz nach intensiven Diskussionen eine öffentliche Stellungnahme zum Thema Schwangerschaftsabbruch erarbeitet hat.

Bei all diesen Fragen ist die Kirche genauso wie die Politik gefordert. Es gilt, dass wir uns bewusst machen, welche Werte heute die Basis der gesellschaftlich notwendigen Entscheidungen bilden. Und da kann mir als Politikerin die christliche Soziallehre wertvolle Hilfe leisten.

Durch unser Leben in dieser Gesellschaft, in dieser Kirche sind wir Teil eines lebendigen Gemeinwesens. Wir alle können an seiner Gestaltung teilnehmen. Wenn es uns allen bewusst ist, wenn es auch der Kirche bewusst ist, dass es keine privaten und beruflichen Belange und Tätigkeiten gibt, die nicht politische Dimensionen haben, wird Politik in einem anderen Licht gesehen. Die Kirche muss bereit sein, sich auf drängende Fragen der Gesellschaft einzulassen. Unsere Kirche hat offensichtlich ein Problem mit demokratischen Erneuerungen und wissenschaftlichen Fortschritten. Wenn sie diese Hürde überwindet, so kann sie sich kritisch und konstruktiv in die Auseinandersetzung mit den aktuellen gesellschaftlichen Fragen einlassen. Dies bedingt, dass die Kanzel in der Kirche um einiges gesenkt wird. Es kann keinen Dialog zwischen Seelsorgern, Seelsorgerinnen und Mitchristen geben, wenn er nicht auf gleicher Ebene stattfindet.

Von der Kirche als Institution darf ich erwarten, dass sie die Möglichkeiten für eine gute Ausbildung der Gemeindeleiterinnen und -leiter zur Verfügung stellt. Ich erwarte auch, dass die schon seit langem geführte Diskussion um die Rolle der Frau in der Kirche mit den Frauen geführt wird. Nur mit uns Frauen zusammen sind hier wahrhafte Lösungen zu finden.

Das Kirchenvolk, vor allem die Frauen in der Kirche, wussten sich in der Neuzeit oft nicht mehr verstanden. Der Satz «Die Kirche sind wir» wurde zur Überlebensstrategie und gab vielen Gläubigen ein neues Bewusstsein und Selbstverständnis. Viele fanden dadurch wieder die Kraft, trotz allem in der Kirche zu verbleiben.

In der Zwischenzeit hat sich einiges verändert. Frauen leiten Pfarrgemeinden, sie predigen, stehen Wortgottesdiensten vor, sind angesehene Theologinnen, sie sind Kirchenpflegevorsitzende und vieles mehr. Sie sind aus den spirituellen und theologischen Zusammenhängen der Kirche nicht mehr wegzudenken. Doch leider haben Frauen noch immer nicht Zugang zu allen kirchlichen Diensten. Noch immer werden Frauen nicht zu Priesterinnen geweiht. Damit ist auch die Gleichstellung der Geschlechter nicht erreicht. Vor dem Gesetz sind alle – Frauen und Männer – gleich. Vor Gott auch. Es wäre wunderbar, wenn diese Gleichberechtigung auch in der Institution «Kirche» Einzug halten würde.

IV. Fazit

Wenn wir der Meinung sind, dass alle Menschen ihre Entscheidungen auf ethischen Grundsätzen aufbauen und daraus ableiten, dann hat die Kirche eine grosse Aufgabe. Sie kann ein Forum bieten, um die so brennenden gesellschaftspolitischen Fragen zu diskutieren. Erfolg hat sie damit nur, wenn sie *mit* den Menschen und nicht nur *zu* den Menschen spricht. Es ist schwieriger, sich mit Fragen auseinander zu setzen, als mit fertigen Meinungen und Rezepten aufzuwarten. Hier sind Hürden zu überwinden; wertorientiertes Handeln lässt sich nicht verordnen. Für die ganze Gesellschaft, nicht nur für die Familie, gilt: Erziehung ist Beispiel und Liebe, sonst gar nichts. Wo es an Vorbildern fehlt, nützen keine Moralpredigten. Wertorientiertes Handeln spielt nicht nur in der sozialen und ökologischen Dimension in Wirtschaft und Politik eine Rolle, sondern auch bei der Gestaltung des technischen Fortschrittes. Die Aufgaben, die gelöst werden müssen, um eine gute Zukunft für nächste Generationen zu bereiten, sind grösser und schwieriger geworden. Sie können und sollen nicht allein von politisch Verantwortlichen gelöst werden. Es sind zu viele Fragen offen, auf die es keine isolierten Antworten gibt.

Ich schliesse mit einer Aussage des grossen jüdischen Gelehrten Pinchas Lapide, der sagt: Ich bin überzeugt, dass diese Welt weder heil noch heillos ist, wohl aber heilbar.

Weihbischof Peter Henrici
Weisheit und Wahrheit in der Seelsorge

Predigt zur Eröffnung des Pastoralinstituts

Lesung

Ich betete, und es wurde mir Klugheit gegeben; ich flehte, und der
Geist der Weisheit kam zu mir. Ich zog sie Zeptern und Thronen vor,
Reichtum achtete ich für nichts im Vergleich mit ihr. Keinen Edelstein
stellte ich ihr gleich; denn alles Gold erscheint neben ihr wie ein wenig
Sand, und Silber gilt ihr gegenüber soviel wie Lehm. Ich liebte sie mehr
als Gesundheit und Schönheit und zog ihren Besitz dem Lichte vor;
denn niemals erlischt der Glanz, der von ihr ausstrahlt. Zugleich mit
ihr kam alles Gute zu mir, unzählbare Reichtümer waren in ihren Hän-
den. Ich freute mich über sie alle, weil die Weisheit lehrt, sie richtig zu
gebrauchen, wusste aber nicht, dass sie auch deren Ursprung ist. Un-
eigennützig lernte ich, und neidlos gebe ich weiter; ihren Reichtum be-
halte ich nicht für mich. Ein unerschöpflicher Schatz ist sie für die
Menschen; alle, die ihn erwerben, erlangen die Freundschaft Gottes.
Sie sind empfohlen durch die Gaben der Unterweisung.
Mir aber gewähre Gott, nach meiner Einsicht zu sprechen und zu denken, wie die empfangenen Gaben es wert sind; denn er ist der Führer
der Weisheit und hält die Weisen auf dem rechten Weg. Wir und unsere

Worte sind in seiner Hand, auch alle Klugheit und praktische Erfahrung.

Das Buch der Weisheit 7,7–16

Evangelium

In jener Zeit sprach Jesus zu seinen Jüngern: Ihr aber sollt euch nicht Rabbi nennen lassen; denn nur einer ist euer Meister, ihr alle aber seid Brüder. Auch sollt ihr niemand auf Erden euren Vater nennen; denn nur einer ist euer Vater, der im Himmel. Auch sollt ihr euch nicht Lehrer nennen lassen; denn nur einer ist euer Lehrer, Christus. Der Grösste von euch soll euer Diener sein. Denn wer sich selbst erhöht, wird erniedrigt, und wer sich selbst erniedrigt, wird erhöht werden.

Matthäus 23,8–12

Liebe Festgemeinde
Liebe Mitbrüder im bischöflichen, priesterlichen
und diakonalen Dienst
Liebe Brüder und Schwestern!

Wir feiern die Eröffnung des Pastoralinstituts der Theologischen Hochschule Chur am Vorabend des Festes des heiligen Thomas von Aquin. Er ist der Patron aller theologischen Studien und damit auch des Pastoralinstituts. Darum haben wir heute die Lesungen seines Festtags vorweggenommen. Zum Anlass, den wir feiern, passen sie gut – und doch gibt es kaum einen anderen Kirchenlehrer, den wir weniger mit der Pastoraltheologie in Verbindung bringen würden als Thomas von

Aquin. Über seinen Hauptzeugen, jenen Kirchenvater, den er am häufigsten zitierte, konnte man ein schönes und umfangreiches Werk schreiben: «Augustinus der Seelsorger». Über Thomas wäre so ein Buch kaum denkbar. P. Marie-Dominique Chenu hat in seiner «Einführung in das Studium des heiligen Thomas von Aquin» zwar unterstrichen, dass Thomas' ganzes Werk von der evangelischen und apostolischen Zielsetzung des Predigerordens bestimmt war. Und doch scheint es geradezu verwegen, daraus praktische Hinweise für das pastorale Handeln in unserer Zeit entnehmen zu wollen.

Und doch: Das Evangelium, das wir eben gelesen haben, weist unüberhörbar auf ein Thema hin, das ein Herzstück der Theologie und Philosophie des heiligen Augustinus war und das der heilige Thomas von seinem Lehrer übernommen hat. Beide haben ihr «De Magistro» geschrieben. Es geht vom Gedanken aus, dass es keinen anderen Lehrer gibt als Jesus Christus. Christus ist die Wahrheit in Person; er allein kann jeden Menschen von innen her zur Einsicht in die Wahrheit führen. Ein menschlicher Lehrer kann immer nur den äusseren Anstoss geben zu jener inneren Einsicht. Jeder Mensch muss sie für sich selbst gewinnen. Hier treffen sich der Kirchenvater und der Kirchenlehrer mit dem alten Sokrates.

Diese Wahrheit von Jesus Christus als dem einzigen Lehrer muss auch für jedes pastoraltheologische und seelsorgliche Bemühen grundlegend sein. «Nur einer ist euer Lehrer, Christus.» Wenn wir dies vergässen, liefen wir mit all unseren Bemühungen als Seelsorger und Seelsorgerinnen ins Leere – im pastoralen Handeln so gut wie in der Theologie. Diese gleiche Wahrheit kann uns aber auch immer wieder Mut und Zuversicht geben – gerade heute, wo uns die Glaubensverkündigung als eine fast unlösbare Aufgabe erscheint und wo alle äusseren Vorgaben gegen eine gelingende Pastoral zu sprechen scheinen. Doch die Verkündigung des Glaubens und die Sorge für die Seelen unserer Mitmenschen sind das Werk Jesu Christi und nicht unser eigenes Werk. Es ist das Werk Jesu Christi; denn nur Er kann durch seinen Heiligen Geist in den Herzen der Menschen wirken. «Wer von den Menschen kennt den Menschen, wenn nicht der Geist des Menschen, der in ihm ist? So erkennt auch keiner Gott – nur der Geist Gottes» (1 Kor 2,11). Dieses Pauluswort scheint eine Absage an jedes pastoraltheologische Bemühen zu sein. Wenn nur Gottes Geist Gott erkennen lassen kann, wofür ist ein Pastoralinstitut dann noch gut? Etwa um die Lücken auszufüllen, die Gottes Geist gelassen hat? Vielleicht etwa so: Wenn die Menschen in einer Welt der Säkularisierung und der Einebnung aller Religionen nicht mehr durch Gottes Geist zur Erkenntnis Gottes geführt werden, dann müssen wir ihnen eben auf menschliche Weise menschliche Hilfe für ihr menschliches Leben bieten. Das Pastoralinstitut würde dann zu einem unprofessionellen, aber immerhin spirituell verbrämten Institut für Psychotherapie und Psychohygiene, allenfalls für Lebenshilfe und Beratung in multireligiösen Fragen – wenn es nicht zum soziologischen Jammerinstitut für ausweglose gesellschaftliche Zustände wird.

Das alles kann so nicht stimmen. Paulus und mit ihm unsere beiden Kirchenlehrer sagen etwas ganz anderes. Der Text aus dem ersten Korintherbrief fährt fort: «Wir aber haben nicht den Geist der Welt empfangen, sondern den Geist, der aus Gott stammt, damit wir das erkennen, was uns von Gott geschenkt worden ist. Davon reden wir auch, nicht mit Worten, wie menschliche Weisheit sie lehrt» – im Lateinischen heisst es noch prägnanter: «... non in persuasibilibus humanae sapientiae verbis»: nicht mit Worten menschlicher Weisheit, die auf Überredung angelegt sind –, «sondern wie der Geist sie lehrt, indem wir den Geisterfüllten das Wirken des Geistes deuten» (1 Kor 2,12 f). Zwei Dinge sind damit gesagt: Die Glaubensverkündigung ist ein Werk des Gottesgeistes, der in uns, den Glaubenden, wirksam ist, und diese

Verkündigung geschieht durch Ausdeutung, indem sie die Menschen verstehen lässt, was der Gottesgeist in ihnen wirkt oder wirken will. Daraus liesse sich schon ein ganzes pastoraltheologisches und seelsorgliches Programm ableiten.

Der Paulustext spricht aber auch das an, was uns heute vor allem beschäftigt: die Widerstände und Schwierigkeiten, auf die unsere Glaubensverkündigung stösst. Denn, so fährt Paulus fort, «der irdisch gesinnte Mensch lässt sich nicht auf das ein, was vom Geist Gottes kommt. Torheit ist es für ihn, und er kann es nicht verstehen, weil es nur mit Hilfe des Geistes beurteilt werden kann. Der geisterfüllte Mensch urteilt über alles, ihn aber vermag niemand zu beurteilen» (1 Kor 2,14 f). Damit ist ein Drittes und ein Viertes gesagt für unsere Pastoraltheologie: Misserfolge sind eingeplant und vorauszusehen, und Seelsorge bedeutet immer auch und vielleicht in erster Linie Unterscheidung der Geister.

Verweilen wir noch einen Augenblick bei diesen beiden Gedanken. Misserfolge in der Glaubensverkündigung sind vorgeplant. Die «kleine Herde» bezeichnet nicht nur die Anfangssituation des Christentums; sie bleibt sein dauerndes Lebensgesetz – selbst dort, wo das durch einen Firnis Volkskirchlichkeit überdeckt wird.

Das «Salz der Erde», das wir Christen sein sollen und das Sie als Tagungsthema gewählt haben, ist zwar lebenswichtig; doch es ist nie die Hauptspeise. Salz allein ist geradezu ungeniessbar. Eine kleine Prise Salz genügt, um die Welt schmackhafter zu machen, und um sie vor der Fäulnis zu bewahren, braucht es auch keine riesigen Mengen. Wie ein wenig Sauerteig die ganze Teigmasse durchsäuert, so kann auch die kleine Herde wirklich Glaubender die ganze Menschheit «salzen». Oder wie es Maurice Blondel einmal auf den Punkt gebracht hat: Die Begrenztheit der Offenbarung schränkt das Allumfassende der Erlösung nicht ein. Wir dürfen und sollen für alle hoffen, auch wenn wir nur wenige als ausdrücklich Glaubende erkennen. Der Erfolg unseres pastoralen Bemühens bemisst sich nicht an seinem messbaren Erfolg. Damit hängt dann auch das andere zusammen: «Der geisterfüllte Mensch urteilt über *alles.*» Ausdrücklich und betont sagt Paulus hier: alles. Nichts ist ausgenommen, keine Wirklichkeit, nicht einmal die scheinbar gottfernste. Es gibt nichts, womit der geistliche Mensch seine Hände nicht schmutzig machen dürfte. Schon im heidnischen Altertum hiess es: «Nichts Menschliches ist mir fremd.» Hier aber geht das Urteilen und das Sich-mit-etwas-Befassen weit über das bloss Menschliche hinaus. Alle Weltwirklichkeit, auch die Natur, selbst das Widergöttliche, liegt ja letztlich in der Hand des Schöpfers. Darum darf der Pastoraltheologie nicht nur nichts Menschliches fremd sein, sondern überhaupt nichts. Virtuell alle Wirklichkeit – und heute wohl auch alle virtuelle Wirklichkeit – ist ihr zur Beurteilung im Geist anvertraut. Wir werden uns deshalb nicht wundern und nicht protestieren, wenn sich das neue Pastoralinstitut auch einmal mit scheinbar weit abliegenden Fragestellungen befasst.

Das führt uns zu den heutigen Lesungen zurück. Das Evangelium hat von Jesus Christus als dem einzigen Lehrer der *Wahrheit* gesprochen, die Lesung dagegen von der *Weisheit*, die Gott schenkt. Weisheit ist mehr als blosse Kenntnis der Wahrheit; sie ist das Vermögen, in praktischen Lebensfragen richtig zu urteilen und so ein gutes Leben zu führen. Das ist mehr wert als Gold und Silber, mehr auch als Gesundheit und Schönheit, hat uns die Lesung gesagt. Aber sie hat auch gesagt, dass Gott allein uns diese Weisheit schenken kann; «denn er ist der Führer der Weisheit und hält die Weisen auf dem rechten Weg. Wir und unsere Worte sind in seiner Hand, auch alle Klugheit und praktische Erfahrung.» Klugheit und praktische Erfahrung: Ist es nicht genau das, was Pastoraltheologie vermitteln will? Sie wäre, so gesehen, eine Theologie seelsorgerlicher Weisheit.

Doch nicht nur das. Zur Zeit des heiligen Thomas hat man diskutiert, ob die Theologie als Weisheit oder als Wissenschaft zu betrachten sei. Thomas hat sich vehement für die Theologie als Wissenschaft eingesetzt, und ihm ist die Kirche bis heute gefolgt. Doch eines seiner Hauptwerke, das sogar in seiner eigenhändigen Niederschrift erhalten ist, die «Summa contra Gentes», dient keineswegs bloss der wissenschaftlichen Wahrheitsfindung. Im Gegenteil: Es dient der Evangelisierung der Muslime – die damals in Europa kulturell noch beherrschender waren als heute. Mit ihnen, das hat Thomas erkannt, konnte man sich nur im Licht der Wahrheit und argumentativ verständigen, und zwar auf dem Boden der aristotelischen Philosophie, die auch sie anerkannten. Aus diesem pastoraltheologischen Grund hat Thomas den Aristoteles in die christliche Theologie eingeführt.

Das ist ein Fingerzeig für unsere heutige Pastoraltheologie. «Klugheit und praktische Erfahrung» allein genügen nicht. Es braucht zur Verkündigung des Glaubens auch ein solides Wissen, ein Wissen, wie es auch in der profanen Welt anerkannt und vor allem verstanden wird. «Der geisterfüllte Mensch urteilt über alles» – auch über das profane Wissen und über eine scheinbar unchristliche Kultur.

«Der geisterfüllte Mensch urteilt über alles»: Immer, wenn mir dieser Satz begegnet, steht vor mir die Gestalt eines Theologen, des grössten unter den Churer Diözesanen: Hans Urs von Balthasar. Er war, auf seine Art, ebenso hingebungsvoll Seelsorger wie Theologe, und er hat eine Theologie entworfen, die wie keine zweite in unseren Tagen «alles», die ganze menschliche Kultur und Geschichte, in das Urteil aus dem Geist Gottes einbringt. Möge sein Vermächtnis ein gutes Omen für das neue Pastoralinstitut der Theologischen Hochschule Chur sein!

Ich wünsche dem neuen Institut einen guten Anfang und viele eifrige Studierende. Es möge ihnen Klugheit, praktische Erfahrung und geisterfülltes Urteilen vermitteln und sie so zur wahren seelsorgerischen Weisheit führen.

Verzeichnis der Autorinnen und Autoren

Annen, Franz, Prof. Dr.
Geb. 1942, Studium der Philosophie und Theologie, seit 1977 Professor für Neues Testament in Chur, seit 1999 Rektor der Theologischen Hochschule Chur

Emeis, Dieter, Prof. DDr.
Geb. 1933, Studium der Philosophie, Theologie, Zoologie, Botanik und Mathematik 1972 bis zu seiner Emeritierung Professor für Religionspädagogik, Pastoraltheologie und Katechetik in Bochum und Münster

Faber, Eva-Maria, Prof. Dr.
Geb. 1964, Studium der Theologie, seit 2000 Professorin für Dogmatik und Fundamentaltheologie in Chur

Fürst, Gebhard, Dr.
Geb. 1948, Studium der Theologie, 1986–2000 Direktor der Akademie der Diözese Rottenburg-Stuttgart, seit 2000 Bischof der Diözese Rottenburg-Stuttgart

Grab, Amédée
Geb. 1930, Studium der Theologie, 1987–1995 Weihbischof und 1995–1998 Diözesanbischof von Lausanne-Genf und Fribourg, seit 1998 Bischof von Chur

Henrici, Peter, Prof. Dr.
Geb. 1928, Studium der Altphilologie, Indogermanistik, Philosophie und Theologie, 1960–1992 Professor für Philosophiegeschichte und Metaphysik in Rom und verschiedene Gastprofessuren, seit 1993 Weihbischof im Bistum Chur

Kochanek, Hermann, Prof. Dr.
Geb. 1946, gest. 24.12.2002, Studium der Theologie, Erziehungswissenschaft und Germanistik, 1992–2002 Professor für Pastoraltheologie und Homiletik in St. Augustin und Chur

Zapfl-Helbling, Rosmarie
Geb. 1939, seit 1995 Nationalrätin, Mitglied des Europarates und anderer verschiedener politischer und sozialer Kommissionen